人力资源实务系列

劳务派遣服务操作 实务手册 （第二版）

王军 高尚 编著

U0314191

化学工业出版社

·北京·

内容简介

《劳务派遣服务操作实务手册》（第二版）从劳务派遣单位的角度出发，详细介绍了劳务派遣运营各阶段的操作规范和风险防控，具有很强的实用性和可操作性。

《劳务派遣服务操作实务手册》（第二版）包括劳务派遣单位的设立、派遣服务代理事宜、劳务派遣项目策划、劳务派遣业务开拓、劳务派遣业务洽谈、派遣合同与派遣协议、派遣员工驻厂管理、劳务派遣与员工保护、客户关系管理、劳务派遣风险与合规管理、劳务派遣争议管理、规章制度设计与管理 12 大方面，适合劳务派遣从业人员、企业管理者、人力资源管理人员、管理咨询人员、培训师以及高校相关专业师生使用。

图书在版编目（CIP）数据

劳务派遣服务操作实务手册 / 王军，高尚编著.
2 版. -- 北京：化学工业出版社，2024. 11. -- （人力资源实务系列）. -- ISBN 978-7-122-46458-3

Ⅰ. D922. 5-62

中国国家版本馆 CIP 数据核字第 2024651ZQ0 号

责任编辑：王淑燕　　　　　　　　　　装帧设计：史利平
责任校对：王　静

出版发行：化学工业出版社
　　　　　（北京市东城区青年湖南街 13 号　邮政编码 100011）
印　　刷：北京云浩印刷有限责任公司
装　　订：三河市振勇印装有限公司
710mm×1000mm　1/16　印张 15　字数 256 千字
2025 年 1 月北京第 2 版第 1 次印刷

购书咨询：010-64518888　　　　　　售后服务．010 64518899
网　　址：http://www.cip.com.cn
凡购买本书，如有缺损质量问题，本社销售中心负责调换。

定　　价：69.00 元　　　　　　　　　版权所有　违者必究

　　劳务派遣，作为一种灵活用工模式，不仅为企业提供了更加灵活的人力资源配置方案，有效降低了用工成本，同时也为劳动者提供了更多的就业机会和职业发展路径。

　　然而，随着劳务派遣市场的不断扩大，如何规范操作、如何拓展劳务派遣市场、如何保障各方权益、如何防范法律风险，如何对劳务派遣业务进行规范化管理，成为摆在所有参与者面前的重要问题。

　　全书分为 12 章，包括劳务派遣单位的设立、派遣服务代理事宜、劳务派遣项目策划、劳务派遣业务开拓、劳务派遣业务洽谈、派遣合同与派遣协议、派遣员工驻厂管理、劳务派遣与员工保护、客户关系管理、劳务派遣风险与合规管理、劳务派遣争议管理、规章制度设计与管理，是一本实操性很强的工作指导用书。

　　第 1 章至第 3 章，聚焦于劳务派遣的基础构建，从劳务派遣单位的设立讲起，逐步深入到派遣服务代理的具体事宜及劳务派遣项目的精心策划。 这不仅为有意涉足劳务派遣领域的企业提供了详尽的入门指南，也为已在该领域耕耘的企业提供了优化升级的思路。

　　第 4 章至第 6 章，转向劳务派遣业务的实际操作，包括业务开拓、业务洽谈以及派遣合同与派遣协议的签订。 这 3 章详细阐述了如何有效拓展市场、如何与客户进行有效沟通、如何确保合同协议的合法性与严密性，为劳务派遣业务的顺利开展奠定了坚实基础。

　　第 7 章至第 9 章，关注派遣员工的管理与保护。 从驻厂管理的细节入手，到员工权益的全方位保障，再到客户关系的精心维护，本书力求在每一个环节都体现出对人性化管理理念的坚持与践行。

　　第 10 章至第 12 章，则将目光投向劳务派遣的风险管理与争议解决。 通过深入分析劳务派遣过程中可能遇到的各种风险与挑战，提出了相应的合规管理策略与争议处理机制。 同时，还对劳务派遣企业的规章制度设计与管理进行了深入探讨，旨在帮助企业建立健全内部管理体系，提升整体运营效率与抗风险能力。

本书具有以下 3 大特点。

1. 全程——指导劳务派遣业务实务操作。 本书以最新的法律法规为依据，从实务管理的角度，全面梳理劳务派遣业务的操作流程，对劳务派遣单位运营过程中的各项业务——作了细致的讲解，为读者提供了全方位的指导与参考，便于劳务派遣从业人员顺利地开展工作。

2. 实用——解析劳务派遣管理中的重点难点。 本书提炼了劳务派遣经营与管理中的核心内容，对其中的重点难点事项的处理进行了有理有据的分析，并给出了具有可操作性的解决对策，希望能为劳务派遣从业人员解疑释惑，进而助力劳务派遣从业者轻松解决工作中的具体问题。

3. 有用——设置典型案例强化法律法规内容。 本书通过设计并分析诸多劳务派遣实践中的典型案例，将劳务派遣管理中存在的风险及涉及的法律法规融入其中，增强了图书的实用性，强化了法律法规内容，让读者能够加深记忆，并达到融会贯通的效果。

未来，劳务派遣行业将呈现出市场规模持续扩大、专业化程度提升、数字化转型加速、规范化程度提高和用工灵活性增强等发展趋势，愿本书能为开展劳务派遣业务的组织提供有益的帮助。 书中不足之处，在所难免，期待读者的宝贵意见，以便于本书重印时及时改正。

编著者
2024 年 8 月

目录

第3章　劳务派遣项目策划　　042

第4章　劳务派遣业务开拓　　057

第 **11** 章　劳务派遣争议管理　　191

第 **12** 章　规章制度设计与管理　　207

第 **1** 章 ▶▶

劳务派遣单位的设立

1.1 经营资格界定

1.1.1 应具备的条件

【情景导读】赵先生是一个个体老板，近年来，手头上有一些闲余的资金，一直想着做一下投资，偶然听朋友提起，经营劳务派遣公司比较赚钱，于是动心了；但是由于不清楚经营劳务派遣业务需要哪些条件，担心其中会有风险，便找到了专业人士，希望能具体了解经营劳务派遣应具备的条件。

【事例解析】我国对从事劳务派遣业务的企业或组织实施"行政许可"制度，具体法律规定如下。

《中华人民共和国劳动合同法》（以下简称《劳动合同法》）第五十七条规定："经营劳务派遣业务应当具备下列条件：

（一）注册资本不得少于人民币 200 万元；

（二）有与开展业务相适应的固定的经营场所和设施；

（三）有符合法律、行政法规规定的劳务派遣管理制度；

（四）法律、行政法规规定的其他条件。

经营劳务派遣业务，应当向劳动行政部门依法申请行政许可；经许可的，依法办理相应的公司登记。未经许可，任何单位和个人不得经营劳务派遣业务。"

2013 年 7 月 1 日起施行的《劳务派遣行政许可实施办法》第六条规定："经营劳务派遣业务，应当向所在地有许可管辖权的人力资源社会保障行政部门（以下称许可机关）依法申请行政许可。未经许可，任何单位和个人不得经营劳务派遣业务。"该办法第七条还重申了《劳动合同法》有关经营劳务派遣业务应当具备的上述四个条件。

同时该办法第十三条规定："申请人的申请符合法定条件的，许可机关应当依法作出准予行政许可的书面决定，并自作出决定之日起 5 个工作日内通知申请人领取《劳务派遣经营许可证》。"

1.1.2 经营范围限定

劳务派遣又称劳动派遣、劳动力租赁、雇员租赁，是指用工单位与劳务派遣单位签订劳务派遣协议，劳务派遣单位与派遣劳动者订立劳动合同并支付报酬，而后劳务派遣单位将劳动者派遣至用工单位工作，再由用工单位向劳务派遣单位支付一笔服务费用的一种用工形式。对于用工单位，劳务派遣可简化管理程序、降低风险及成本，实现自主灵活用工。

劳务派遣公司的主营业务一般为：职业介绍、信息发布、举办洽谈招聘会、国内劳务派遣、劳务培训、企业管理咨询服务、人事管理咨询服务等。具体的经营范围以营业执照上登记的经营范围为准。

虽然各地方实际情况不同，但劳务派遣公司的经营业务大体上是一致的。以广州某劳务派遣公司的经营范围为例，其经营业务范围如下：

① 提供国家人事劳动政策、法规的宣传、咨询服务；

② 提供代为招聘、引进所需人才服务；

③ 按照有关规定，承办专业技术资格的认定和考评申报；

④ 办理派出人员的录用、退工、合同鉴证等事宜；

⑤ 为派出人员发放工资和福利，代扣代缴个人所得税；

⑥ 代为派出人员办理社会统筹保险和商业医疗补充保险，并办理赔付手续；

⑦ 协助办理派出人员解聘、辞退后的推介和再就业事宜；

⑧ 承办与人事管理相关的其他事宜。

1.2 劳务派遣服务公司组织结构设计

1.2.1 劳务派遣服务公司组织架构示例

图1-1是某劳务派遣公司的组织结构的示例。

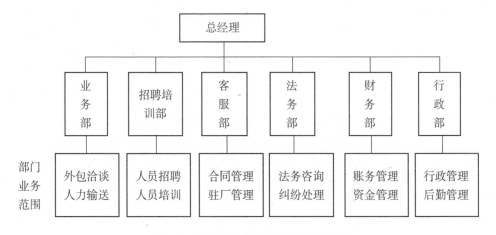

图1-1 劳务派遣公司组织结构图示例

1.2.2 劳务派遣服务公司部门及岗位职责划分

　　企业的组织架构依据公司的规模、经营的项目、业务关系而定。组织架构清晰，使其工作职责明确，工作目标性强。在此基础上，还需界定各部门的职责。表 1-1 是某劳务派遣公司针对其主要部门设定的职责。

表1-1　劳务派遣公司各部门主要职责

部门	部门职责
业务部	①负责联系用工企业并就企业所需人员情况进行洽谈 ②负责与用工企业相关协议的拟定 ③负责本部门的月、季、年度工作计划的拟定，以及对计划的执行情况进行检查，负责审核用工单位的资质与合法性 ④派遣人员相关手续的办理及福利待遇等的确定 ⑤负责劳务派遣、业务外包及人事代理客户基本资料建档并进行分级管理，并且定时回访与调研
招聘培训部	①综合考虑各方面的因素，编制人员招聘计划 ②负责起草招聘信息，并通过各种渠道发布招聘信息及对应聘人员的资料进行收集、统计和分析 ③加强与现有用工单位的联系，巩固和拓展合作关系 ④负责收集应聘人员简历并予以存档，建立人才信息库，实施人才的储备管理，以便及时向用工单位提供所需人才 ⑤根据用工单位员工培训需求的调查和分析，制订相关的员工培训计划 ⑥多方面收集和整理相关资料，为培训计划的开发提供参考 ⑦维护培训秩序，及时解决培训中出现的各种问题，以及针对培训的效果分析，提出相应的改进措施
客服部	①通过员工沟通渠道与平台，与被派遣人员保持良好沟通关系，及时解决他们存在的各种问题，并准确了解和记录他们的工作状态 ②负责建立劳动合同台账，协助编写劳务合同及相关工作协议，以及协助办理被派遣人员合同的签订、变更、续签和解除工作 ③负责调查核实被派遣人员档案的完整性和真实性，以及被派遣人员档案的备份、存档和保管工作 ④负责受理各类劳动纠纷或员工投诉，及时上报上级主管，并协助主管调查、取证和解决，以及认真做好劳务纠纷或员工投诉的记录工作

部门	部　门　职　责
法务部	①预防和控制企业经营风险,并建立和完善公司法务工作的管理制度 ②负责处理与企业相关的各项法律事务,为企业各职能部门提供法律咨询服务 ③负责起草、审查企业规章制度、参与企业重大经营决策等,维护企业的合法权益并保证企业决策的合法性 ④按照国家有关法律法规对企业拟定的各类合同进行审查
财务部	①负责建立企业的会计核算体系,拟定公司的财务管理办法及流程 ②负责总经理所需的财务数据资料的整理编报,为上级提供经营决策的财务依据 ③负责财务档案的管理,监督档案的借阅、保密和保存工作 ④负责企业各类日记账、分类账、总账的填制 ⑤负责企业的会计材料会计报表的汇总、综合分析工作,针对总体财务收支提出有效的资金管理建议 ⑥负责编制银行收付凭证、现金收付凭证、登记银行存款及现金日记账
行政部	①负责制定企业办公、行政、总务等行政管理相关制度规范与计划以及行政管理年度、季度、月度计划 ②组织筹备和安排企业会议,对会议安排的执行情况进行催办和检查 ③负责安排领导或员工的出差、商务旅行事宜,督促相关人员做好机票、火车票、酒店等的预订工作 ④负责协助上级组织、实施重要客户接待和重大事件的公关事务以及处理公司对外日常公关事务和日常客户接待 ⑤负责采购和配置企业公共设施和设备,并指导维修人员对企业公共设施进行维修、保养 ⑥负责企业内外部各类文件的核对、下发与传达,各类文件资料的整理、编号和归档及文件的打印、复印与装订

在明确部门职责的基础上，还需对各岗位的职责进行设定，细化任务分工，使劳务派遣公司的每项工作都有人负责，有部门承担，通过各方面的密切配合，共同推进企业的发展。

（1）总经理岗位说明书

以下为某企业的总经理岗位说明书，供参考。

企业名称		岗位名称	总经理	编制日期	__年__月__日
部门		任职人		任职人签字	
		直接主管	无	直接下属	各部门经理
岗位编号		说明书编号		批准日期	__年__月__日
职责与工作任务	职责一	组织实施公司的发展战略,发掘市场机会,不断促进企业的发展壮大			
	职责二	负责公司劳务派遣业务的运营			
	职责三	审阅各部门的年度、季度、月度工作计划,并提出指导意见			
	职责四	领导建立公司与客户、合作伙伴、上级主管部门等单位间顺畅的沟通渠道			
任职条件	必备知识	学历	本科以上学历		
		专业知识	行政管理、工商管理、企业管理等专业知识		
	工作经验		劳务派遣、人事外包等相关行业5年以上中高层管理工作经验		
	能力素质要求		①出众的领导管理才能 ②熟悉国内劳务派遣市场运作 ③具有人力资源管理、财务管理及市场运作管理的丰富经验		

（2）业务部经理岗位说明书

以下为某企业的业务部经理岗位说明书，供参考。

企业名称		岗位名称	业务部经理	编制日期	__年__月__日
部门	业务部	任职人		任职人签字	
		直接主管	总经理	直接下属	业务主管
岗位编号		说明书编号		批准日期	__年__月__日
职责与工作任务	职责一	负责本部门的日常管理,对公司下达的目标、任务的完成负有全面责任			
	职责二	负责本部门年度、季度、月度计划的制订,并监督计划的执行情况			
	职责三	负责对用工企业进行全方位考察,并作出可行性报告,以书面形式呈报总经理			
	职责四	拟定与用工企业的合作协议			
	职责五	负责协调解决企业与派遣员工之间的凸显问题			
	职责六	负责本部门人员的招聘与配置,并安排相应的培训			
	职责七	负责与各部门之间的协调工作以及各部门之间的业务交叉安排			
	职责八	完成上级领导交办的其他工作			

任职条件	必备知识	学历	大专以上学历
		专业知识	人力资源管理、工商管理等专业知识
	工作经验		3年以上劳资管理工作经验
	能力素质要求		①精通劳动保障法律法规 ②能够熟练操作办公软件 ③敏锐的市场洞察力、敏捷的思维能力及团队管理能力 ④具有处理各类劳动纠纷的经验及能力

（3）招聘专员岗位说明书

以下为某企业的招聘专员岗位说明书，供参考。

企业名称			岗位名称	招聘专员	编制日期	__年__月__日
部门	招聘培训部		任职人		任职人签字	
			直接主管	部门主管	直接下属	无
岗位编号			说明书编号		批准日期	__年__月__日
职责与工作任务	职责一	负责对客户开展人才需求和供给调查，综合考虑各方面因素，编制人才招聘计划				
	职责二	起草并发布招聘信息				
	职责三	负责开展应聘简历的统计、甄别，安排招聘面试				
	职责四	加强与现有招聘渠道的联系，巩固和拓展合作关系				
	职责五	负责寻求与其他招聘渠道的合作，并根据人才需求特点，对招聘渠道进行选择与开发				
	职责六	负责收集应聘人员简历并存档，协助招聘主管建立人才信息库，实施人才储备管理				
	职责七	核算人才招聘成本，并积极提出成本控制建议				
	职责八	完成上级领导交办的其他工作				
任职条件	必备知识	学历	本科以上学历			
		专业知识	具备三级以上人力资源证书，工商管理、人力资源、心理学等专业知识			
	工作经验		一年以上相关工作经验			
	能力素质要求		①了解人力资源基本知识，熟悉公司的招聘管理制度和招聘流程 ②能够熟练使用各种常用办公软件，如Word、Excel、PPT等 ③工作认真负责、较强的服务意识和团队合作意识			

（4）培训专员岗位说明书

以下为某企业的培训专员岗位说明书，供参考。

企业名称		岗位名称	培训专员	编制日期	__年__月__日
部门	招聘培训部	任职人		任职人签字	
		直接主管	部门主管	直接下属	无
岗位编号		说明书编号		批准日期	__年__月__日

职责与工作任务	职责一	负责为用工单位进行培训需求的调查和分析，制订年度、季度和月度的员工培训计划
	职责二	负责多方面收集和整理相关资料，为培训课程开发人员的课程开发提供参考
	职责三	负责根据培训计划，确定培训的时间、地点、内容、方式等
	职责四	维护培训秩序，及时解决培训中出现的各种问题，并积极配合培训师开展相应培训工作
	职责五	负责记录和收集培训相关资料，协助开展培训效果评估工作
	职责六	收集和整理相关培训资料，并妥善存档保管
	职责七	完成上级领导交办的其他工作

任职条件	必备知识	学历	本科以上学历
		专业知识	具备三级以上人力资源证书，人力资源管理、工商管理、心理学等专业知识
	工作经验		一年以上相关工作经验，有人力资源行业培训工作经验优先考虑
	能力素质要求		①接受过现代人力资源管理技术、职业教育等方面的培训 ②能够熟练使用各种常用办公软件和人事管理软件 ③熟悉劳务派遣类企业的培训组织作业流程及岗位培训流程 ④工作认真、积极，良好的人际沟通及应变能力

（5）客服专员岗位说明书

以下为某企业的客服专员岗位说明书，供参考。

企业名称		岗位名称	客服专员	编制日期	__年__月__日
部门	客服部	任职人		任职人签字	
		直接主管	客服主管	直接下属	无
岗位编号		说明书编号		批准日期	__年__月__日
职责与工作任务	职责一	受理客户的咨询			
	职责二	依据客户月度人员增减情况及时办理社保、公积金的人员增减申报			
	职责三	审阅、审核有关劳动合同、劳务合同文档，并及时进行数据的更新			
	职责四	负责与用工单位有关协议的签订、解除和终止等业务的办理			
	职责五	负责劳务派遣人员的来访及相关的工伤、失业、生育等争议的处理			
	职责六	完成上级领导交办的其他工作			
任职条件	必备知识	学历	本科以上学历		
		专业知识	具备三级以上人力资源证书，工商管理、人力资源、心理学等专业知识		
	工作经验	一年以上相关工作经验			
	能力素质要求	①了解人力资源和社会保障基本知识，熟悉公司的各项管理制度和流程 ②能够熟练使用各种常用办公软件，如 Word、Excel、PPT 等 ③工作负责，较强的服务意识和团队合作意识			

（6）法务专员岗位说明书

以下为某企业的法务专员岗位说明书，供参考。

企业名称		岗位名称	法务专员	编制日期	__年__月__日
部门	法务部	任职人		任职人签字	
		直接主管	法务主管	直接下属	无
岗位编号		说明书编号		批准日期	__年__月__日
职责与工作任务	职责一	负责收集并汇总企业所需法律资料、知识产权等方面资料			
	职责二	负责起草企业的相关合同及法律文件等			
	职责三	负责对企业法务工作的改进提出合理化建议			
	职责四	协助企业领导处理企业劳动纠纷、合同纠纷等事宜			
	职责五	为企业内外人员提供相关的法律咨询			
	职责六	完成上级领导交办的其他工作			

任职条件	必备知识	学历	本科以上学历
		专业知识	法学专业知识
	工作经验		一年以上法务工作经验
	能力素质要求		①了解人力资源基本知识及法律法规的相关知识，熟悉《劳动合同法》《中华人民共和国劳动法》（以下简称《劳动法》）等法律法规 ②熟悉行政诉讼、行政复议、仲裁等法律程序 ③工作负责，较强的分析、处理、应变及协调能力

（7）会计岗位说明书

以下为某企业的会计岗位说明书，供参考。

企业名称			岗位名称	会计	编制日期	__年__月__日
部门		财务部	任职人		任职人签字	
			直接主管	财务主管	直接下属	无
岗位编号			说明书编号		批准日期	__年__月__日
职责与工作任务	职责一		组织编制公司的财务收支计划与成本费用计划			
	职责二		认真做好各类资金以及各类资产的记账、算账、对账、报账等日常会计核算工作			
	职责三		严格加强会计核算，定期检查、分析并汇报本部门及其公司的财务计划和年度预算的执行情况，保证公司按预算、有计划地使用资金			
	职责四		定期考核各类资金使用效果，及时向领导提出加强财务管理和会计核算的意见和建议			
	职责五		妥善保管好会计凭证、会计账簿、会计报表及其他各种财务、会计资料			
	职责六		完成上级领导交办的其他工作			
任职条件	必备知识		学历	大专以上学历		
			专业知识	会计、财务专业，有会计从业资格证书		
	工作经验		1年以上会计工作经验			
	能力素质要求		①熟悉财税法律规范 ②熟练应用财务及Office办公软件 ③认真细致，爱岗敬业，吃苦耐劳，有良好的职业操守			

（8）出纳岗位说明书

以下为某企业的出纳岗位说明书，供参考。

企业名称			岗位名称	出纳	编制日期	__年__月__日
部门		财务部	任职人		任职人签字	
			直接主管	财务主管	直接下属	无
岗位编号			说明书编号		批准日期	__年__月__日
职责与工作任务	职责一	熟练使用支付系统,准确及时支付各项费用				
	职责二	认真审查各种原始单据				
	职责三	负责清查现金与银行存款工作,保证账账相符,账实相符				
	职责四	负责填制有关的财务报表				
	职责五	根据合规的原始单据,及时准确地编制记账凭证,坚持逐日登记现金日记账和银行存款日记账				
	职责六	负责保管劳务派遣单位的各类印鉴、收付讫印章,严格按照规定使用,确保无违反财务规定的现象发生				
	职责七	完成上级领导交办的其他工作				
任职条件	必备知识	学历	大专以上学历			
		专业知识	会计、财务等相关专业知识,有会计从业资格证书			
	工作经验	1年以上工作经验				
	能力素质要求	①熟悉财税法律规范 ②熟练应用财务及Office办公软件 ③认真细致,爱岗敬业,吃苦耐劳,有良好的职业操守				

（9）行政文员岗位说明书

以下为某企业的行政文员岗位说明书，供参考。

企业名称			岗位名称	行政文员	编制日期	__年__月__日
部门		行政部	任职人		任职人签字	
			直接主管	行政部主管	直接下属	无
岗位编号			说明书编号		批准日期	__年__月__日
职责与工作任务	职责一	协助执行公司的各项规章制度和维护工作秩序				
	职责二	处理公司对外接待工作				
	职责三	协助总经理处理行政外部事务				
	职责四	负责办公室各部门办公后勤保障工作,包括发放办公用品、印制名片等				
	职责五	按照公司行政管理制度处理其他相关事务				
	职责六	负责与工作内容相关的各类文件的归档管理				
	职责七	完成上级领导交办的其他工作				

续表

任职条件	必备知识	学历	大专以上学历
		专业知识	文秘、行政管理及相关专业
	工作经验		1年以上工作经验
	能力素质要求		①熟悉办公室行政管理知识及工作流程 ②有较强的组织能力、沟通协调能力、书面表达能力 ③细致耐心，工作负责

1.3 劳务派遣与其他用工方式

1.3.1 劳务派遣与职业介绍

【情景导读】小张是某服装厂的操作工，服装厂由于经济效益的问题进行裁员，小张失业了。为了尽快找到工作，小张找到了当地的一家职业介绍机构，在交纳了相关费用后，双方签订了一份合同，该机构先后为小张介绍了几份工作，可由于种种原因，小张都没有看中。眼看都快一个月了，工作还没有着落，小张心里开始有点慌乱了，于是在网上也在寻找相关工作。无意之中，小张发现《劳动合同法》上说劳务派遣机构应该与劳动者签订劳动合同，在劳动者无工作期间支付的工资不能低于最低工资标准。针对这一发现，小张咨询了专业人士，想要知道劳务派遣和职业介绍之间到底有什么区别。

【案例解析】职业介绍，也被称作职业中介，是指职业介绍机构在接到招聘方（企业）和应聘方（求职者）的申请之后，在双方之间进行斡旋，促成双方建立劳动关系，并从中获取报酬的过程。由此可见，职业介绍主要通过中介服务及提供其他相关的服务活动获取报酬。图1-2是职业介绍的三方关系图。

与劳务派遣相比，二者主要有以下区别。

（1）法律关系不同

职业介绍与劳务派遣最主要的区别是职业介绍机构与劳动者之间不存在劳动关系，职业介绍本质是一种居间行为；而劳务派遣单位在《劳动法》《劳动合同法》的规定下，与劳动者建立劳动关系，然后将劳动者派遣到用工单位从事劳动，劳动者与用工单位之间不存在一般意义上的劳动关系。

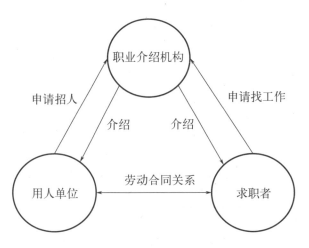

图1-2 职业介绍三方关系示意图

（2）在费用及报酬支付方面有区别

在职业介绍中，除约定无偿外，劳动者和用工单位需平均负担居间报酬给职业介绍机构；而在劳务派遣中，被派遣劳动者自劳务派遣单位处获取与之提供劳务等价的工资，劳动者在无工作期间，劳务派遣单位仍需按最低工资标准向劳动者支付工资，另外，作为使用被派遣劳动者的用工单位，应当支付相应的用工费用给劳务派遣单位。

（3）签署合同性质不同

在职业介绍中，用工单位与职业介绍机构以及劳动者与职业介绍机构之间形成的是一种中介关系，相应签署的职业介绍合同或职业中介合同是指主要受《中华人民共和国民法典》（以下简称《民法典》）约束的中介合同。而在劳务派遣关系中，派遣单位与用工单位之间签订的是劳务派遣协议，以约定劳务派遣的派遣方与用工方之间的权利义务关系；劳动者与派遣单位之间签署的是劳动合同，主要受《劳动合同法》等法律约束。

（4）立法限制不同

在职业介绍中，用工单位可以是以从事派遣为业的机构，其通过职业介绍机构招聘员工后再将该员工派遣出去，属于法律规定的范围内；而在劳务派遣关系中，根据《劳动合同法》第六十二条第二款的规定："用工单位不得将被派遣劳动者再派遣到其他用人单位。"

1.3.2 劳务派遣与企业借调

【情景导读】李总是某集团公司的技术总监，某次到分公司进行技术指导的时候，发现该分公司某员工工作能力非常突出，于是想要将该员工借调到总公司加以培养，可是其对于劳务派遣与企业借调的区别不是很了解，也不知道应该注意些什么。

【案例解析】 借调一般是指用工单位将劳动者于一定期间内借给其他用人单位，在这期间，被调者接受其他用工单位的直接管理（双方会签订借调合同，示例见下文），通常见于关联企业。从表现形式上看，与劳务派遣有很多相似之处，例如被借调人员与借调单位无劳动关系，其所有的人事关系仍在原单位；借调者的工资福利一般由借入与借出单位的约定决定，社会保险等由原单位缴纳。

甲方(借用方)名称：_____　　乙方(借出方)名称：_____

法定代表人：_____　　　　法定代表人：_____

注册地址：_____　　　　　注册地址：_____

经营地址：_____　　　　　经营地址：_____

丙方(员工)姓名：_____

性别：_____

身份证号：_____

户口所在地：_____

联系电话：_____

因工作需要,乙方特借调甲方员工____(以下简称"丙方")至乙方工作,三方本着合法公平、平等自愿、协商一致和诚实守信的原则,经友好协商,达成一致意见。

一、合同期限

本合同期限自____年____月____日起至____年____月____日止。合同期满即终止借调合同。丙方仍返回乙方工作。

二、甲方的权利与义务

1. 借用期间甲方可根据需要,安排丙方的工作岗位和任务。甲方按____标准向乙方支付借用费____元。

2. 借用期间甲方可要求丙方遵守各项规章制度,服从管理和教育,并可根据工作需求及丙方的表现,决定将丙方退回乙方,但应提前____日通知乙方和丙方。若丙方严重违规违纪,甲方可随时将其退回乙方,且不属违约行为。

3. 甲方须为丙方提供必需的劳动条件、劳动工具和工作用品,以及符合国家规定的劳动安全卫生设施和必要的劳动防护用品。

三、乙方的权利和义务

1. 借用期间乙方应负责对丙方进行管理、教育和违纪处理,并为丙方缴纳各项社会保险费用等。

2. 乙方如根据工作需要,决定将丙方撤回,应提前____个工作日通知甲方和丙方。

四、丙方的权利和义务

1. 借调期间,丙方依然享有乙方员工的各项福利。

2. 借调期间,丙方应严格遵守甲乙双方的各项规章制度,并严格完成甲方分配的各项任务。

五、其他

1. 借调期结束后，如甲、乙、丙三方同意延长借调时间，由三方协商签订续借协议。

2. 甲、乙任何一方的违约行为致使本协议无法履行，应向对方支付违约金____元；给对方造成损失的，还应按实际损失额予以赔偿。若发生争议，任何一方可向有管辖权的人民法院提起诉讼。

3. 本合同未涉及之处，由三方协商解决。若涉及法律法规，则遵照国家有关规定执行。

4. 本协议一式三份，甲、乙、丙三方各执一份，自甲、乙、丙三方签字、盖章之日起生效，具有同等法律效力。

甲方(签章)：_____ 乙方(签章)：_____ 丙方(签字)：_____

____年____月____日 ____年____月____日 ____年____月____日

结合企业借调实际，与劳务派遣相比，二者一般有如下区别。

（1）在相关人员方面，企业借调一般涉及相互间的业务合作、人事交流、学习研修等目的，而劳务派遣则主要涉及临时性、辅助性、替代性岗位的业务。

（2）在主营业务方面，企业借调的出借方一般都有自己所在的行业，并不以派遣业务为主营业务，而劳务派遣单位的主业即为人力资源的派遣。

（3）在使用频率方面，企业借调并非经常性行为，而劳务派遣则以派遣劳动者为其经营的常态。

（4）在专业机构方面，企业借调通常只以企业双方共同意愿为基础，没有所谓专门从事借调业务的机构，而劳务派遣则以派遣公司为其业务运作的前提。

（5）在是否获益上，企业借调通常均是基于人员互动或调剂，一般不以获经济利益为目的，而劳务派遣则以派遣获益为主要目的。

（6）在法律规制方面，由于借调主要是指借调单位与用人单位在征得职工的同意后而进行的行为，而劳务派遣作为一种法律规定的补充性的用工制度，受到《劳动合同法》等法规的严格规制。

1.3.3　劳务派遣与人事代理

【情景导读】小郑是一名刚毕业的大学生，最近要去一家劳务派遣公司应聘，在与公司沟通的过程中，他向公司询问公司是否具有人事代理权限，能否接收自己的档案。可公司的人事专员也是刚入职不久，对该问题也不太了解，于是小明找到了律师，想要咨询劳务派遣与人事代理之间具体有什么区别？

【案例解析】根据各个地方性法规综合整理，人事代理定义如下："人事代理，是指经政府人事部门许可，取得人事代理资格的人才市场中介服务机构，在核定的业务范围内受用人单位和个人委托，依据代理合同，代理有关人事业务。"从对人事代理的定义中可以看出，人事代理实际上是一个民事代理合同，人事代理的双方为依法成立的人事代理机构和用人单位或者个人，当事人双方并不存在行政隶属关系而是平等的民事关系。

虽然人事代理与劳务派遣从表面上来看都涉及三个主体，但其仍有明显的区别。

（1）劳动者与人事代理中介机构或者劳务派遣单位的法律关系不同

在劳务派遣中，劳动者与派遣单位之间是劳动关系，他们通过订立劳动合同，建立劳动关系，受到劳动法的规制。而在人事代理关系中，劳动者与人事代理中介机构之间是委托关系，不是劳动关系，两者之间通过签订代理协议的方式处理劳动者的人事业务。

（2）劳动者与实际用人单位的关系不同

在人事代理关系中，劳动者与实际用人单位之间是劳动法规定的劳动关系，用人单位负有劳动法规定的义务；而在劳务派遣中，劳动者与实际用人单位之间没有合同关系，并不存在劳动法意义上的劳动关系。

（3）二者提供的服务内容不同

人事代理的主要内容是关于人事代理服务，受各地发布的人事代理方面的法规调整及双方合同的约定；劳务派遣的内容是劳动法上所规定的权利和义务，受《劳动法》《劳动合同法》等法律调整。

1.3.4　劳务派遣与人力资源外包

【情景导读】刘强最近开了一家网络公司，由于公司尚在起步阶段，为了充分节省成本，刘强决定找一家服务公司为自己提供专项的人力服务，包括人员招聘、工资代发、社保缴费、公司人员管理等。但后来他又了解有劳务派遣的这种用工模式，于是咨询专业人士，想知道二者之间有哪些区别。

【案例解析】人力资源外包是指企业根据需要将某一项或几项人力资源管理工作流程或管理职能外包出去，由第三方专业的人力资源外包服务机构或公司进行管理，以便降低经营成本，实现企业效益的最大化。劳动派遣和人力资源外包之间有着明显的不同，具体区别如下。

（1）人力资源外包，劳动关系在用工公司（发包方），用工公司和员工签劳动合同；劳务派遣，劳动关系在劳务派遣公司，用工公司不和员工签订劳动合同，由员工同劳务派遣公司签订劳动合同，用工公司和劳务派遣公司签派遣协议。

（2）《劳动合同法》规定："劳务派遣单位是本法所称用人单位，应当履行用人单位对劳动者的义务。"而人力资源外包，属于民事服务关系，发包方和接受方可自由协商服务内容及方式，受《劳动合同法》等法规的调整。

1.4 劳务派遣流程设计

1.4.1 劳务派遣服务管理流程

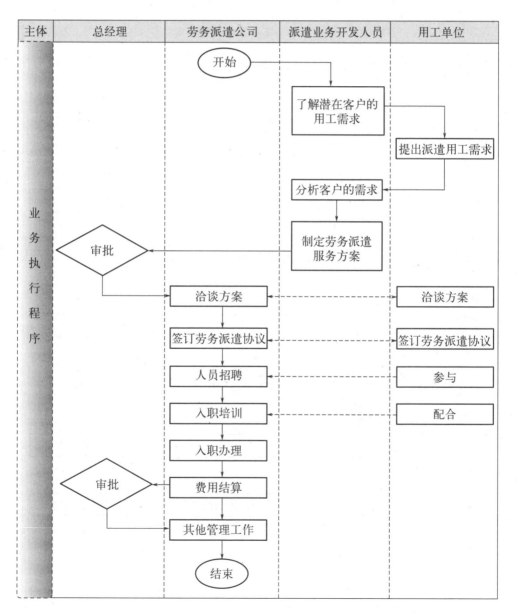

1.4.2 劳务派遣业务拓展流程

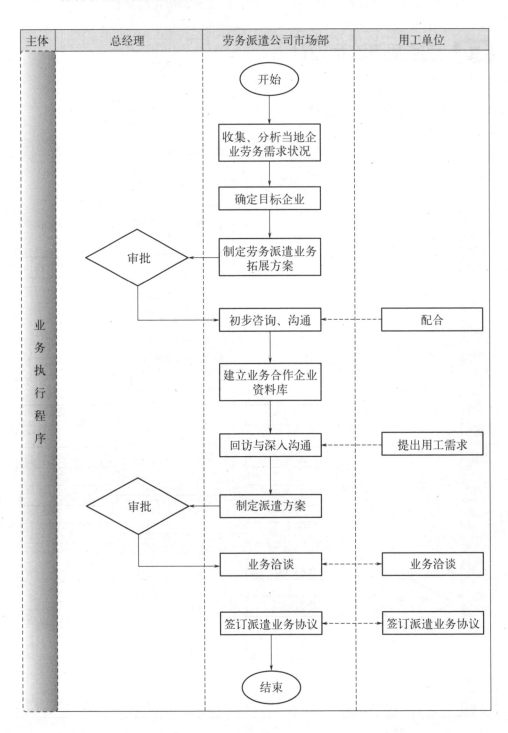

第 **2** 章 ▶▶

派遣服务代理事宜

2.1 代理招聘

2.1.1 明确客户招聘需求

劳务派遣是指派遣单位与被派遣劳动者签订劳动合同，然后向用工单位派出该员工，使其在用工单位的工作场所劳动，接受用工单位指挥、监督，以完成劳动力和生产资料相结合的一种用工形式。

劳务派遣适用于临时性、可替代性和辅助性的岗位。就劳务派遣员工在企业内部的就业岗位来划分，使用劳务派遣用工这一方式较多的岗位如图 2-1 所示。

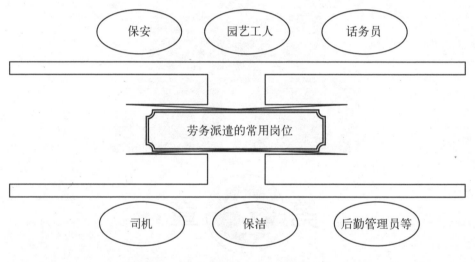

图2-1　企业内部使用劳务派遣的岗位

以上岗位为目前企业较多使用劳务派遣的常见岗位，随着劳务派遣管理和服务的不断发展和完善，会涉及企业更多的其他岗位。

只有事先明确企业需要怎样岗位的人才，才可以向企业派出合适员工，满足企业的用工需求。同时，由于劳务派遣的岗位需要，派遣单位也需要根据具体的招聘需要填写招聘需求申请表（见表 2-1），进行所需人员的招募。

然而，除此之外，仅知晓上述一方面的信息还是不够的，还需明确掌握需要补充人员的工作岗位的性质、特征和要求。例如，企业需要 20 名技工。这句话表明企业的技工岗位需要人才 20 名，然而仅凭这一条件，很难帮企业招聘到满意的人员，我们还需要知道企业对技工的技能、年龄、性别等的要求。只有综合以上两方面的内容，劳务公司才可以帮助企业挑选到最满意的人才。

表2-1 招聘需求申请表

申请日期			申请部门		招聘人数	
申请原因		☐员工离退　☐业务增量　☐新增业务　☐候补储备				
	说明					
紧急程度		☐特急　☐急　☐一般				
招聘方式		☐网络招聘　☐人才市场　☐熟人推荐				
招聘岗位人员要求						
性别			年龄		学历	
专业			工作经验		外语水平	
其他标准						
部门经理意见						
人力资源部意见						
总经理意见						

通常情况下，劳务派遣单位在与实际用人单位达成合作意向后，需要签订招聘职位委托书，具体见表 2-2。

表2-2 招聘职位委托书

招聘单位：　　　　　　　　　　客户单位：

兹有如下职位委托招聘：

提出日期：　　　　　责任人：　　　　批准：

序号	所属部门	岗位名称	招聘人数	到岗时间	要求	备注
1						
2						
3						

2.1.2 签订代理招聘协议

劳务派遣公司拥有专业化、平台化的优势，结合企业用人的特点，可以为企业提供个性化、全程化的委托代理招聘服务。在实施这一服务之前，双方需签订一份委托代理招聘协议，以明确双方的权责关系。下面是一则范例，供参考。

代理招聘协议书

甲方(用人单位)：＿＿＿＿＿＿＿＿＿＿　　乙方(劳务派遣单位)：＿＿＿＿＿＿＿＿

办公地址：＿＿＿＿＿＿＿＿＿＿＿　　办公地址：＿＿＿＿＿＿＿＿＿＿＿＿

联系电话：＿＿＿＿＿＿＿＿＿＿＿　　联系电话：＿＿＿＿＿＿＿＿＿＿＿＿

甲方因工作需要,现委托乙方招聘相关人才,经双方充分协商,议定以下条款,以便双方共同遵守。就甲方委托乙方招聘事宜,经过双方平等自愿、友好协商,兹达成如下协议。

一、甲方的委托招聘事项

1. 招聘期限：＿＿年＿＿月＿＿日至＿＿年＿＿月＿＿日。

2. 招聘人数及要求(略)。

二、甲方的权利和义务

1. 甲方应将招聘岗位描述、工作职责、工作地点、薪资福利、生活条件等用工基本信息和当期要求人数、男女比例、专业要求、到岗时间等具体用工计划以书面形式告知乙方,向乙方出具单位(企业)营业执照副本复印件和招聘委托书。

2. 甲方需根据劳动政策法规及本协议的规定,切实保证乙方员工的合法权益。

3. 甲方对乙方输送的新进员工,试用期内新进员工经过筛选不符合要求的,或在提供人员过程中违反甲方厂纪厂规不符合要求的,甲方有退回乙方或要求乙方另行安排新人选的权利,但应提前 5 天书面通知乙方。

4. 甲方对乙方推荐的候选人进行面试后,必须在＿＿＿＿个工作日内给出明确的录用意见,并用书面形式通知乙方。

5. 对乙方不履行本协议的,甲方有权追究违约责任。

三、乙方的权利和义务

1. 乙方须按甲方提出的招聘要求和条件进行操作,并保证所推荐候选人的个人资料的真实性。

2. 乙方不得将甲方提供的资料挪作他用,否则,由此产生的一切责任及经济损失由乙方承担。

3. 员工由乙方按照甲方的具体要求进行招聘,由甲方按照录用标准择优录取,乙方输送的人员一经确定,甲乙双方应拟定输送清单,并签字、盖章,作为支付费用附件。

4. 如果乙方推荐的候选人上岗后,试用期内被解聘或离职(甲方违约除外),甲方需在人才离岗后＿＿＿＿日内向乙方提出书面要求,在甲方已支付乙方相关服务费后,乙方提供同等的免费服务。

5. 对甲方不履行本协议的,乙方有权追究违约责任。

四、协议的变更、解除、终止和续订

甲乙双方应共同遵守本协议的各项条款。在协议履行期间,未经对方同意,任何一方不得变更解除;若一方因国家重大政策改变或不可抗力等因素不能履行本协议,应及时通知对方,双方通过协商,对本协议进行变更或解除。

五、招聘服务费用及预付定金

双方约定代理招聘服务费为:每人次＿＿＿元。共＿＿＿人次,计＿＿＿元。在合同签订时,甲方预付定金＿＿＿元给乙方。

六、招聘费用支付方式

1. 按实际录用人数一次性结算支付给乙方(扣除预付定金)。

2. 录用人员车费由＿＿＿承担。

3. 双方面试和护送人员的差旅费用各自自行承担。

七、其他条款

1. 未尽事宜,由甲乙双方协商解决。

2. 生效日期:本协议经甲、乙双方签字盖章和乙方收到定金时起生效。

3. 本协议一式二份,双方各执一份。

甲方(盖章):＿＿＿＿＿＿＿　　　　　　　　乙方(盖章):＿＿＿＿＿＿＿

＿＿＿年＿＿＿月＿＿＿日　　　　　　　　　　＿＿＿年＿＿＿月＿＿＿日

2.1.3　人才考核与推荐

由于劳务派遣单位的特性,首先需要采用适宜的招聘渠道和相应的招聘方法,发布招聘信息广告,吸引合格的求职者,然后根据岗位需要,选拔出合适的人员,最后根据实际用人单位的需要,为其推荐最合适的人才。

(1) 招聘信息的发布

随着招聘求职市场的日益发展,求职者们除了会关注职业本身,还会综合考虑企业的文化与环境、职业发展空间、福利待遇等,因此,一份内容准确、详细、聘用条件清楚的招聘信息广告可以充分吸引应聘者的注意力,有利于体现企业或招聘的核心信息。

下面以某劳务派遣公司的操作工招聘广告为例予以说明。如图 2-2 所示。

由于发布途径各有不同,招聘的发布形式也有多样性,主要包括报纸、杂志、网络等。下面以网站招聘信息的发布为例,具体说明如下。

① 招聘网站要选对。如果面向全国招募人才,选择全国性的招聘网站;如果仅面向某个区域,选择该地区性强势的招聘网站。

② 岗位描述要规范。岗位描述通常可分为岗位职责(即入职后具体负责哪些工作)和任职资格(即具备哪些条件的候选人符合筛选条件)两部分,特别是

劳务派遣服务操作实务手册（第二版）

××公司招聘操作工

一、公司简介(略)

二、薪资待遇(略)

三、任职资格

1．一般要求：性别不限，25～35岁。

2．最低学历：中专。

3．工作经验：1年以上工作经验。

4．技能要求：熟悉车间操作。

四、岗位职责

1．严格根据工艺要求完成生产任务。

2．严格按操作规程操作，保证产品质量。

3．认真执行安全生产管理制度。

4．做好现场5S管理。

五、联系方式

联系人：王经理。

联系电话：×××—×××××××××。

图2-2　招聘广告示例

任职资格要明确，不能模棱两可。

③ 企业简介要更具吸引力。应聘者了解企业的途径就是企业简介，劳务派遣单位在发布招聘信息时，应将企业的业务范围、规模、发展状况、未来发展方向等写入到发布的招聘信息中。

④ 第一时间反馈应聘者。应聘者青睐的往往是那些信息反馈快的企业，为此，在收到应聘者的简历简单咨询后，应第一时间与应聘者取得联系，进行问题反馈。

（2）人员考核

在接到应聘者投递过来的简历或求职资料后，劳务派遣公司需要从中挑选出符合企业所需的人才，那么HR工作者应该如何筛选简历呢？

① 简历筛选。简历硬性指标就是一些固定类标准的指标，它们往往被作为简历筛选的第一关。表2-3所示的这些硬性指标被很多企业采用。

表2-3　简历筛选的硬性指标

硬性指标	内容说明
学历	了解应聘者受教育的情况,其中要特别注意是否用了一些含糊的字眼,如有无注明大学教育的起止时间和类别等
专业	主要查看应聘者所学专业是否与招聘职位对口
个人成绩	主要查看应聘者的成绩状况,是否与职位要求相符
相关证书	如英语等级证书、计算机等级证书等
工作经验	主要查看应聘者总工作时间的长短、跳槽或转岗频率、每项工作的具体时间长短、工作时间衔接等
工作内容	查看应聘者以往的工作经历与职位工作内容是否相符

HR选人心中都有自己的理想目标和对象,如果看到非常符合的,会将其挑选出来进入下一轮考核环节。比如希望有外企销售工作经验和突出的业绩,则着重看其工作经验和业绩的描述,若表现突出,则会直接向其发出面试通知。

除了关注硬性指标,劳务派遣公司招聘人员还需查看应聘者简历中的主观内容,也就是"软性指标",这方面主要是查看应聘者的自我评价、个人描述等信息,若这些描述与工作经历描述中相矛盾、不相称的地方较多,则可直接筛选掉。

②面试。面试的方式是指根据面试的对象和拟招岗位的要求所选择面试的具体方式或方法。

从不同角度、按不同的依据可以把面试分为不同的类型,具体可如表 2-4 所示。

表2-4　面试形式具体分类一览表

分类依据	类型	类型说明
按面试的结构化程度划分	结构化面试	结构化面试是指面试题目、实施程序、面试评价、面试小组的构成等都按照统一的明确的规范进行面试
	半结构化面试	半结构化面试只对面试的某些方面有统一的明确的规范
	自由面谈	自由面谈是对与面试题目、实施程序、如何评价、面试小组成员等方面没有统一的明确的规范,通常是指随意性的面试

续表

分类依据	类型	类型说明
按面试的压力程度划分	压力面试	压力面试是指将应聘者置于一种人为的紧张气氛之中,观察应聘者的行为,以考查应聘者的压力承受能力、随机应变能力以及情绪稳定性等
	非压力面试	非压力面试是指应聘者处于一种无压力的状态下进行的面试
按面试的人员组成划分	个别面试	个别面试是指一个面试人员与一个应聘者面对面地交流
	小组面试	小组面试是指由人力资源部门和用人部门相关人员组成的面试小组对应聘者分别进行的面试
	成组面试	成组面试通常是由人力资源部门和用人部门相关人员组成的面试小组对若干个应聘者同时进行面试
	集体面试	情形1:一位面试官同时对若干名应聘者进行面试 情形2:多名面试官对若干名应聘者同时进行面试
按面试的次数划分	一次性面试	一次性面试是指人力资源部门将对应聘者的面试集中于一次安排进行
	分阶段面试	情形1:依序面试,即分为初试、复试、综合评定三步 情形2:逐步面试,即按面试小组成员的层次和等级,依次对应聘者进行面试
按面试的内容划分	情景面试	情景面试是指通过设定一种情景,观察应聘者在特定情景下的行为表现,以便发现、评价应聘者的素质和能力
	非情景面试	非情景面试一般无特别场景设定,主要包括笔试、心理测试以及所提问题不包含情景元素的面试
按面试的组织方式划分	现场面试	现场面试是指通过对现场的组织,由面试人员和应聘者进行面对面的交流面试
	远程面试	远程面试是指通过现代计算机网络技术和多媒体视频技术,面试人员与应聘者进行异地面试

　　经上述分类后的面试形式,相互之间不是截然独立的,即有些面试形式是相互交叉,有的形式是在另一种比较古老形式的基础上发展而来的。

　　面对上述诸多先进的面试方法,劳务派遣公司招聘工作人员该如何选择最适用的?一般来说,面试形式及相应的方法的选择,需要根据每种面试形式及其相应方法的优劣势，结合拟招聘岗位的特点、面试考查点及需要测评的要素等方面进行综合考虑。

劳务派遣公司在对应聘者进行面试时，主要会从如下 3 个维度对其进行测评。

a. 知识测评维度。知识是指在生活、工作和学习等多种实践活动中所获得的对客观事物认识与经验的总和。知识测评是指对企业员工所掌握的知识水平、知识结构、知识应用水平等方面进行一系列的测评活动，员工知识的各方面水平直接关系到员工的工作质量和工作效率。

b. 能力测评维度。能力是指应聘者拥有的顺利完成某一岗位任务、具体活动并提高效率所必备的、可表现、可发展的个性特征。应聘者之间在能力上存在着水平和类别的差异，因此，在选拔应聘者的过程中，应该从多维度对其进行能力测评，能力测评的维度主要包括两个层面，具体如表 2-5 所示。

表2-5　能力测评的维度

测评能力维度	维度细化
一般能力倾向测评	智能测评、语言能力测评、数理能力测评、书写知觉能力测评、空间判断能力测评、形状知觉能力测评、运动协调能力测评、手指灵活度测评、手腕灵活度测评等
特殊能力倾向测评	文书能力测评、机械能力测评、管理能力测评、创造力倾向测评等

c. 经验测评维度。经验是指应聘者从多次工作实践中积累的能够创造价值、明确记录和传承的相同或相关岗位操作技术。通过应聘者的工作经验，面试官可以间接地评价其未来的工作绩效，是选拔过程中的重要测评指标，测评经验主要包括五个维度，如图 2-3 所示。

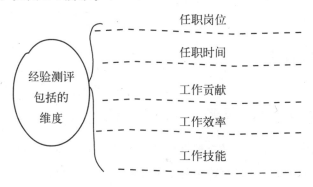

图2-3　测评经验包括的维度

面试结束后，劳务派遣公司招聘人员需要对面试结果进行记录，以此作为人员录用决策的依据。面试结果可参照表2-6所示填好。

表2-6　面试记录表

姓名		性别		年龄				
应聘职位		所属部门		面试日期				
考核要素	考核要点			面试表现				
				优秀	好	一般	略差	差
仪容仪表	打扮得体							
	言行举止恰当							
专业技能	专业知识掌握情况							
	计算机运用情况							
	外语水平掌握情况							
沟通协调能力	语言表达能力							
	工作协调能力							

（3）人员输送

对面试考核合格的人员，劳务派遣公司依据用工企业的要求，将其派遣至用工企业。

2.2 代理培训

2.2.1 确定客户培训服务要求

明确客户培训服务要求是指根据培训发起原因、当前存在的问题、业务开展的目标以及人员的素质现状等确定客户的培训目标、规范客户培训服务，为客户提供满意的人员培训。那么，如何明确客户培训服务要求呢？首要任务是进行培训需求分析。

培训需求分析是指在规划与设计每项培训活动之前，由劳务派遣公司采用相应的方法与技术，对参与培训的所有组织及其员工的培训目标、知识结构、技能状况等方面进行系统的鉴别与分析，以确定培训必要性和培训内容的过程。确定客户培训的服务要求即确定培训的对象和内容。

（1）培训需求分析的方法

培训需求分析的方法有很多，下文介绍了其中的几种。

① 问卷调查法。它是通过预先设计的调查问卷收集培训需求信息的调查方法。

运用问卷调查法进行培训需求分析的优缺点如图 2-4 所示。

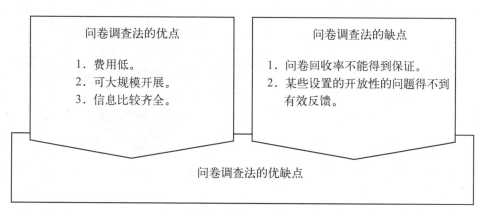

图2-4　问卷调查法的优缺点

问卷形式包括开放式、探究式和封闭式 3 种，具体如表 2-7 所示。

表2-7　调查问卷形式分类

类型	特征	作用
开放式	使用"什么""如何""为什么""请"等词语，不能用"是"或"否"来回答；例如，"你为什么参加此类培训?"	发掘对方的想法和观点
探究式	更加具体化，使用"多少""多久""谁""哪里""何时"等词语；例如，"你希望这样的培训多久举行一次?"	缩小所收集的信息范围
封闭式	只能用"是"或"否"来回答，或用选择题的形式表达	限制所能收集信息的范围

图 2-5 是设计问卷的流程图。

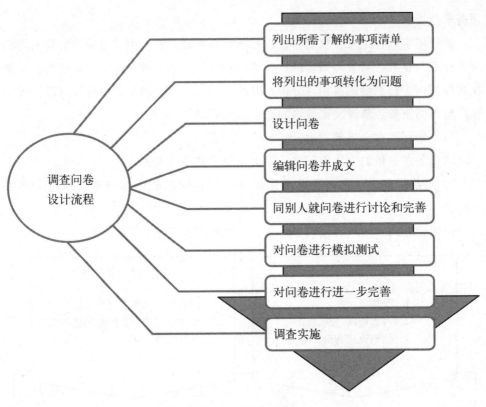

图2-5　问卷设计流程

表 2-8 展示了了解员工培训需求的问卷调查表。

表2-8　员工培训需求问卷调查表

日期：＿＿＿年＿＿＿月＿＿＿日

姓名		性别		年龄	
专业		学历		所属部门	
职务		任职年限		工作年限	
工作情况					
主要工作内容					
工作问题处理					
在工作中经常遇到的问题					
解决方式					
结果如何					

培训情况		
参训经历（课程名称）	就职公司	参训日期
针对上述培训课程的感受		
希望公司安排何种培训（希望和建议）		

② 工作任务分析法。它是指培训管理者以具体的工作作为分析对象，分析员工所要完成的任务及成功完成这些任务所需要的知识、技能和能力，进而确定培训内容的分析方法。其优点为通过岗位资料分析和员工现状对比得出员工的素质差距，结论可信度较高；缺点为需要进行资料的详细分析，花费的时间和费用较多。

通过工作任务分析法收集培训需求分析信息时，可以按照图 2-6 所示的流程进行。

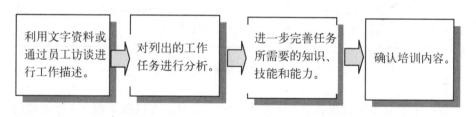

图2-6　工作任务分析法收集信息的流程图

③ 关键事件分析法。它是指培训管理者通过分析企业内外部对员工或者客户产生较大影响的事件，及其暴露出来的问题，从而确定培训需求的一种方法。其适用于客户投诉、重大事故等较大影响事件出现的情况，优点为易于分析和总结，缺点为事件具有偶然性，易以偏概全。

通过关键事件分析法收集培训需求分析信息时，可以按照图 2-7 所示的流程进行。

④ 绩效差距分析法。它是指培训管理者在分析组织成员及其成员现状与理想状况之间差距的基础上，确认和分析造成差距的原因，最终确定培训需求的方法。其适用于员工绩效与理想状况出现差距的情况。

绩效差距分析法的优缺点如图 2-8 所示。

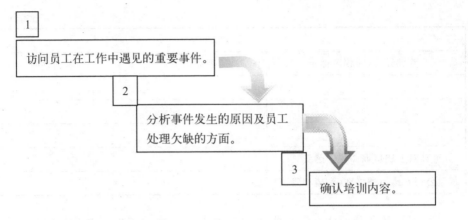

图2-7　关键事件分析法收集信息的流程图

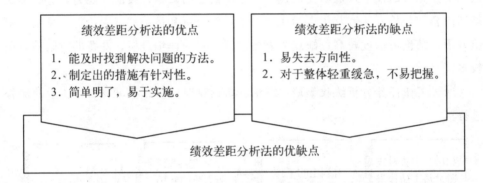

图2-8　绩效差距分析法的优缺点

通过绩效差距分析法收集培训需求分析信息时，可以按照图 2-9 所示的流程进行。

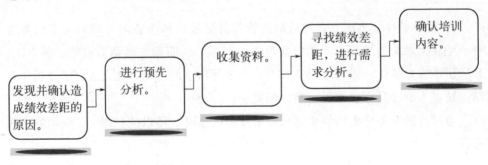

图2-9　绩效差距分析法应用流程图

⑤ 访谈法。培训需求分析的访谈法是很多企业都会用到的方法，这种方法是通过与被访谈人进行面对面的交谈来获取培训需求信息的。应用过程中，可以

与企业管理层面谈，以了解组织对人员的期望；也可以与有关部门的负责人面谈，以便从专业和工作角度分析培训需求。其实施流程如图 2-10 所示。

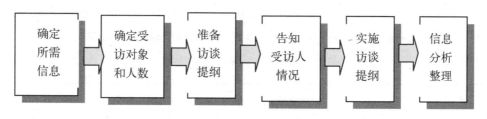

图2-10　访谈法收集信息的流程图

在运用访谈法进行培训需求分析时，培训工作人员需对访谈的信息进行记录，表 2-9 是一则示例。

表2-9　访谈清单

访谈问题	访谈记录
员工在工作中比较突出的表现有哪些	
为达到公司的绩效标准，员工当前的知识技能是否具备	
员工对本职工作的态度是否积极	
员工需要提升哪些知识技能	
对该员工今后实施培训的建议	
其他需要说明的问题	

采用访谈法了解员工的培训需求，应注意以下 4 点要求，具体内容如图 2-11 所示。

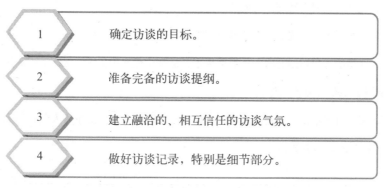

图2-11　采用访谈法应注意的事项

⑥ 观察法。运用观察法收集培训需求信息，即培训工作人员通过到工作现场，观察员工的工作表现，发现问题，进而获取信息的一种分析方法。

为了提高观察的效果，培训人员很有必要事先设计出一份观察记录表（见表2-10），用来记录员工的工作表现，以此作为培训信息分析的依据。

表2-10　观察记录表

观察对象		观察地点		观察时间	
观察内容		工作记录		评价	
工作纪律遵守情况					
工作态度是否积极主动					
工作的熟练程度					
工作时间分配是否合理					
工作方法是否恰当					
工作成果是否达到绩效标准					

采用观察法了解员工的培训需求，应注意以下5点要求，具体内容如图2-12所示。

1．观察提纲力求简便。

2．观察人员要理解观察对象的工作。

3．观察时不能干扰被观察者的正常工作。

4．观察法适用范围有限，一般适用于易被直接观察和了解的工作，不适用于技术要求较高的复杂性工作。

5．必要时可请陌生人进行观察，如请人扮演顾客观察终端销售人员的行为表现是否符合公司的要求。

图2-12　注意事项

（2）培训需求确认

培训部门对通过各种方法所获得的培训需求信息进行汇总、整合、分类后，形成组织或员工的初步培训需求。初步的培训需求是否切合组织或员工的实际培训需求，需要进行培训需求的确认。

① 面谈确认。它是针对某一个别培训需求，同培训对象面对面进行交流，听取培训对象对于培训需求的意见和态度，在此基础上对培训需求进行确认。

② 主题会议确认。这种确认往往针对某一普遍培训需求而实施，它通过就某一培训需求主题进行会议讨论，了解参会人员的意见和看法，进而完善培训需求，确保培训需求的普遍性和真实性，为培训决策和培训计划制定提供信息支持。

③ 正式文件确认。在对培训需求达成共识后，为了便于以后各部门培训的组织实施，减少推诿或扯皮，最后需要用一份正式的组织文件进行确认。具体实施可采用填写培训需求会签表的形式。培训需求确认会签表样例如表 2-11 所示。

表2-11 培训需求确认会签表样例

培训部门	个别培训	短期培训	长期培训	目前培训	未来培训

（3）确定培训方式

每种培训方式都有着自身的优势和不足，劳务派遣公司应根据用工企业的培训需求，选择合适的培训方法。表 2-12 列举了使用频率较高的几种培训方法。

表2-12 五类培训效果分析说明表

名称	参训方式	效果分析	常用培训方法
直接传授型培训	学员被动接收培训讲师的传授，只有部分的互动环节	适用于知识类培训；传授内容多，知识比较系统、全面，有利于培养大面积人才；对培训环境要求不高，有利于培训讲师的发挥；学员可利用室内环境相互沟通，也可以向培训讲师请教疑难问题；员工平均培训成本较低	讲授法 专题讲座法 研讨法

名称	参训方式	效果分析	常用培训方法
实践型培训	学员通过亲自实践、亲自操作的方式参与培训过程	适用于以掌握技能为目的的培训;受训者边工作边学习,无须特别准备教室和培训设施;受训者通过实际操作使培训内容与工作紧密结合;培训讲师能及时得到关于培训效果的反馈	工作指导法 工作轮换法 特别任务法 个别指导法
参与型培训	学员通过培训讲师设置的活动、案例等参与到培训的过程中	调动受训对象积极性,互动学习,在活动参与中获得知识、技能,掌握正确的行为方式,开拓思维,转变观念;参与性强,变学员被动接受为主动参与;将学员解决问题能力的提高融入知识传授中;教学方式生动具体,直观易学;学员之间能相互交流	自学法 案例研究法 敏感性训练法 头脑风暴法
态度型培训		主要针对行为调整和心理训练;学员参与性强,与培训师之间互动充分;可增加学员之间的感情交流;具有高度的灵活性,培训内容可随时调整	角色扮演法 拓展训练法
科技型培训	学员通过视听技术、网络技术、在线学习平台系统等自主学习、参与培训过程	可充分利用网络资源,声音、图片和影音文件,增强趣味性,从而提高学习效率;培训进程安排灵活,由学员自主掌控	视听技术法 e-learning 培训法 企业大学培训法

2.2.2　制定培训服务方案

在明确了用工单位的培训需求之后,则需要制定培训服务方案。由于用工企业开展员工培训的目的是根据企业发展战略,开展相关培训活动,提高企业员工的业务技能,使其符合企业发展的要求。而本单位的培训是为用人单位的发展服务的,因此,培训方案的制定需要满足用工企业的需求。

2.2.3　签订培训服务协议

为了明确培训工作中双方的权责,在关于代理培训的事宜洽谈达成一致意见后,劳务派遣公司需与用工企业签订培训服务协议,以确保后期培训工作的顺利开展。下面是一则范例,供参考。

文本名称	机构培训合同范本	受控状态	
		编号	

委托方(甲方)：＿＿＿＿＿＿　　　　顾问方(乙方)：＿＿＿＿＿＿

法定代表人：＿＿＿＿＿＿　　　　　法定代表人：＿＿＿＿＿＿

地址：＿＿＿＿＿＿＿＿　　　　　　地址：＿＿＿＿＿＿＿＿

甲乙双方在相互友好、相互了解的基础上，就乙方向甲方提供企业内部培训服务事宜，达成如下协议。

一、合作宗旨

甲方就本企业的内部事宜，邀请乙方为甲方有关人员提供"××技能提升"课程培训，乙方根据甲方的要求和需要提供培训服务。

二、培训题目、时间、人数

1. 题目：＿＿＿＿＿＿。

2. 培训日期为＿＿年＿＿月＿＿日，下午＿＿时～＿＿时。

3. 参加培训共＿＿人(男＿＿人，女＿＿人)。

三、培训内容、培训方式

1. 培训内容：按原甲方提出要求为准。

2. 培训方式：专家讲课、现场操作演练、与本行业高级技术人员交流。

四、收费标准及付款方式

1. 经双方协商，培训费用总额为＿＿元。

2. 培训课程实施后，甲方须将此课程的费用在＿＿个工作日内支付给乙方。

3. 甲方支付乙方培训费用的方式为转账或现金。乙方公司的账户信息如下。

开户名称：＿＿＿＿＿＿＿＿＿

账号：＿＿＿＿＿＿＿＿＿＿

税号：＿＿＿＿＿＿＿＿＿＿

开户行：＿＿＿＿＿＿＿＿＿

五、甲乙双方的权利和义务

(一)甲方的权利和义务

1. 负责企业内部培训人员的组织工作，提供参训人员名单。

2. 负责提出合理的培训要求，并支付乙方为完成培训任务而共同商定的费用。

3. 甲方负责提供培训场地及按照乙方要求准备培训所需的设备。

4. 未经乙方同意，甲方不得私自传播乙方提供的自编教材、讲义等学习资料，也不得在授课过程中擅自使用任何录音、摄影设备。

5. 在培训过程中，未经甲方同意，乙方擅自改变培训内容、时间、方式等合同规定的内容，或乙方因其他原因损害甲方权益的，甲方有权要求乙方改正。

(二)乙方的权利和义务

1. 负责按甲方的要求制订培训计划及日程安排。

2. 在不损害甲方合法权益的前提下，经与甲方商议后，乙方可以根据需要调整教学时间、地点及改进教学服务，但乙方应在变更事项决定后提前＿＿天通知甲方。

3. 乙方根据教学需要提供相应的设施设备、师资、教材等教学条件,教学设施设备应符合安全标准。

4. 认真执行教学计划,按时、按质、按量完成教学任务。

5. 未经甲方同意,乙方不得将甲方转交给其他培训机构实施教学。

6. 培训结束后,乙方有权要求甲方按照收费标准和付款方式支付事先约定的培训费用。

六、合同解除条件

1. 甲方违反本合同规定,经劝告无效或造成恶劣影响的,乙方有权提前解除合同。

2. 乙方违反本合同规定,双方无法协商或者协商不成的,甲方有权提前解除合同。

3. 其他因自然灾害等不可抗力因素造成本合同难以继续实施,任何一方有权提前解除合同。

七、违约责任

1. 如果甲方未按本合同履行,则应退还乙方所交费用。

2. 如果甲方违反其在本合同中所做的陈述、保证或其他义务,而使乙方遭受损失,则乙方有权要求甲方予以赔偿。

3. 如果乙方违反本合同,则甲方可终止协议,乙方所交费用不予退还。

4. 如果乙方违反其在本合同中所做的陈述、保证或其他义务,而使甲方遭受损失,则甲方有权要求乙方予以赔偿。

5. 甲、乙双方因各自原因解除合同,以及因不可抗力造成合同终止的,按照有关规定办理退费,造成经济损失的,依法承担赔偿责任。

6. 因不可抗力造成合同提前终止的,双方相互不承担赔偿责任。

八、争议处理

本合同在执行过程中发生争议,双方应友好协商解决,协商不成的,可请求相关人力资源主管部门调解,也可选择以下第____种方式解决。

1. 向甲方所在地仲裁委员会申请仲裁。

2. 向有管辖权的人民法院提起诉讼。

九、其他约定

1. 本合同附件包括:教学计划(含开设课程)、任课教师名单等。附件是本合同的重要组成部分,与本合同具有同等法律效力。

2. 本合同未尽事宜,由甲乙双方友好协商解决,或签订补充协议。

3. 本合同一式两份,甲乙双方各执一份,自甲方缴费并签字后生效,至____年____月____日培训结束时合同终止。

甲方(公章):　　　　　　　　　乙方(公章):

甲方代表(签名):_____　　　　乙方代表(签名):_____

日期:____年____月____日　　　　日期:____年____月____日

相关说明					
编制人员		审核人员		批准人员	
编制日期		审核日期		批准日期	

2.3 工资服务

2.3.1 代发工资

劳务派遣公司为用工企业提供代发工资的服务，即在明确用工企业工资核算、考勤情况、绩效激励制度等的前提下，负责用工企业员工工资核准、发放。这一做法对用工企业而言，至少有如下两方面的好处。

（1）提高企业工作效率

由于工资的发放为较基础性工作，且过程相对繁杂。由劳务公司代发员工工资，使得用工企业的人力资源管理人员从日常琐事中"解脱"出来，提高了企业人力资源管理的效率。

（2）提高企业规范性

用工企业通过劳务派遣公司代发员工工资，某种程度上避免了一些账务上的问题，有助于用工企业的规范运行。

按劳动合同规定，结合单位考核办法，确定工资应发数。代发工资业务原则上每月代发工资一次，除工资薪金外，奖金、年终加薪、劳动分红、津贴补贴均确定为工资薪酬范畴。代理业务中工资奖惩决定权由用工企业掌握。此举简单地说就是帮助用工企业省时省力。

下面是一则委托代发工资的协议，供参考。

委托代发工资协议

甲方：(用工企业)＿＿＿＿＿＿＿＿＿＿(以下简称"甲方")

地址：＿＿＿＿＿＿＿＿＿＿　　邮编：＿＿＿＿＿＿

电话：＿＿＿＿＿＿＿＿＿＿　　传真：＿＿＿＿＿＿

乙方：(劳务派遣公司)＿＿＿＿＿＿＿＿(以下简称"乙方")

地址：＿＿＿＿＿＿＿＿＿＿　　邮编：＿＿＿＿＿＿

电话：＿＿＿＿＿＿＿＿＿＿　　传真：＿＿＿＿＿＿

为更好地服务于人力资源供需双方,构建和谐用工平台,保护用工企业和求职者的合法权益及员工的劳动保障,按照互惠互利、平等协商的原则,甲乙双方经友好协商一致,双方达成如下协议:

一、派遣员工工资发放主体与程序

1. 甲方自愿委托乙方代发本公司派遣员工工资,本协议所指的工资包括工资、奖金等以货币形式支付的各种福利待遇。员工工资支付周期为月度支付,本月支付上月工资,核算周期为____日至____日。由乙方每月根据员工的上月工作时间与工作考核结果,结合员工工资待遇标准计算员工上月应得工资数额。委托期限自____年____月____日至____年____月____日。

2. 乙方于每月____号按时足额地发放员工上月工资,遇休息日或法定假日的提前至最近的工作日支付,并提供发放凭证至甲方。

3. 派遣员工离职,按规定办理了相关离职手续的,其离职工资应按正常结算日期发放。

二、派遣员工工资结构与标准

1. 派遣员工工资标准由甲方确立,但应符合国家及派遣员工工作所在地政府的相关规定,工资标准为:不低于当地最低工资标准。乙方员工与甲方员工同工同酬。

2. 甲方应足额发放派遣员工工资,但可按照有关规定在工资中扣除如下项目,并将派遣员工应缴纳的个人所得税及各项社会保险费支付至乙方。

(1)员工应缴纳的个人所得税。

(2)员工个人应缴纳的各项社会保险费。

(3)法律、法规规定的或甲/乙方与派遣员工约定的应当代扣的其他款项。

三、其他

1. 在本协议周期内,若派遣员工在领取工资时发现有误,应向甲方进行咨询。若是由于甲方的过错,则由乙方负责进行调账,若调账失败则由甲乙双方妥善处理。

2. 本协议与双方签订的《劳务派遣服务合同》中有冲突的,以本协议内容为准;除本协议约定内容外,《劳务派遣服务合同》其他条款不变。

3. 本协议自签订之日起计算,协议到期后,若双方无异议,则合同期限自动顺延一年。

4. 本协议经双方签字盖章后生效,未尽事宜,由甲乙双方协商解决。

5. 本协议一式二份,由甲乙双方各执一份,具有同等法律效力。

甲方(盖章):   乙方(盖章):

代表人: 代表人:

日期   日期

2.3.2 代缴个税

个税的缴纳与工资高低有着密切的关系,它有助于调节收入差距,平衡利益分配。而劳务派遣公司受用人单位委托发放员工工资,因此,员工个税的缴纳也一并由劳务派遣公司代缴。

2.3.3 代缴五险一金

五险一金是指用人单位给予劳动者的几种保障性待遇的合称，包括养老保险、医疗保险、失业保险、工伤保险和生育保险，以及住房公积金。

劳务派遣公司承担替用工企业代缴纳五险一金的业务。下面是某劳务公司代替企业缴纳五险一金的缴纳协议。

委托代缴五险一金协议

甲方：(用工单位)＿＿＿＿＿＿＿＿　　乙方：(劳务派遣公司)＿＿＿＿＿＿＿

法定代表人：＿＿＿＿＿＿＿＿＿＿　　法定代表人：＿＿＿＿＿＿＿＿＿＿

联系电话：＿＿＿＿＿＿＿＿＿＿＿　　联系电话：＿＿＿＿＿＿＿＿＿＿

丙方：(员工)＿＿＿＿＿＿＿＿＿＿

户籍地址：＿＿＿＿＿＿＿＿＿＿＿

联系电话：＿＿＿＿＿＿＿＿＿＿

丙方是甲方正式签订劳动合同的员工，现甲方根据自身实际发展需要，特委托乙方为丙方缴纳社会保险费用，具体缴纳标准参照当地规定的统一标准执行，经甲乙丙三方充分协商，具体协议如下。

1. 乙方替甲方为丙方代为缴纳社会保险的项目包括：养老保险、医疗保险、工伤保险、生育保险、失业保险、住房公积金。

2. 乙方非丙方的用人单位，双方之间不存在劳动关系；丙方系在甲方安排的工作岗位工作，服从甲方管理及遵守甲方的各项规章制度，丙方只与甲方发生劳动关系。

3. 乙方在收取甲方代缴五险一金费用后，应当及时办理代缴事宜，如有特殊原因暂停办理的，需提前＿＿＿天告知甲方；甲方如未按期支付费用，乙方有权停止办理代缴事宜，由此产生的后果由甲方自负。

4. 若甲方无须乙方为丙方代为缴纳社会保险及住房公积金费用，应当提前通知乙方，乙方代为办理社保减员事宜，否则由此产生的法律后果及经济损失由甲方自行承担。

5. 乙方应对本协议内容严格保密，未经甲方同意不得将本协议内容泄露给任意第三方。

6. 本协议合作期限自双方签署之日起生效至＿＿＿年＿＿＿月＿＿＿日。

7. 本协议未尽事宜，由甲乙双方协商解决。

8. 本协议一式两份，双方各执一份，自双方签署或盖章之日起生效，具有同等法律效力。

甲方(盖章)：　　　　　　　　　　乙方(盖章)：

代表人：　　　　　　　　　　　　代表人：

日期：　　　　　　　　　　　　日期：

第 **3** 章 ▶▶

劳务派遣项目策划

3.1 市场调研与分析

3.1.1 项目信息收集与处理

（1）项目信息收集

劳务派遣公司在进行派遣项目策划前，需进行市场分析，了解当前劳务派遣市场的状况，包括市场规模、主要竞争对手、市场趋势等，这有助于确定劳务派遣公司确定项目的可行性和竞争优势，从而获得更多的市场份额和客户。市场分析的内容如表3-1所示。

表3-1　市场分析的内容

分析的内容	内容说明
市场概况	主要包括市场规模、市场增长率、主要竞争对手等内容
目标市场	主要包括目标市场的细分和目标市场的特征等信息
竞争分析	主要包括竞争对手分析和竞争优势分析等内容
市场趋势分析	为劳务派遣项目策略和发展方向的制定提供重要的依据

具体到某个派遣项目的策划，劳务派遣公司除需掌握整体市场动态信息外，还需收集更为详细的信息，为后续设计策划方案提供参考依据。

① 信息收集的内容。根据劳务派遣项目是否招标划分，其信息可分为招标项目信息收集和非招标项目信息收集两类。

一般来说，对于招标项目的信息收集，主要包含如表 3-2 所示的内容。

表3-2　招标项目信息收集的内容

信息收集	内容说明
项目名称	劳务派遣公司人员需准确获取招标方招标项目的名称，这是最基本的信息
招标方式	劳务派遣公司人员需要了解此用工单位的劳务派遣项目是采用公开招标还是邀请招标的方式，以判断本公司是否在此次投标范围之内
招标内容	劳务派遣公司人员需要此次招标项目的服务类型、派遣项目时间等内容，劳务派遣公司需要根据此项信息判断其是否具有提供相应服务的能力

续表

信息收集	内容说明
资格要求	即投标人的资格要求，如投标人的注册资金、资质等级、业绩要求等
招标文件的发放及开标有关信息	招标文件的发售或下载方式、投标保证金的缴纳方式、投标文件的递交方式、开标方式、时间和地点等
投标文件要求	用工单位即招标方要求投标方提供的必要文件，如标书、报价单等
联系人的信息	招标方项目负责人的联系方式
其他事项	如投标保证金的退还方式、投标文件的修改和撤回方式等

对于非招标项目，劳务派遣公司针对劳务派遣项目所需收集的信息，主要包括如表3-3所示的4个方面。

表3-3　非招标项目信息收集的内容

信息收集	内容说明
用工单位信息	主要包括用工单位所属行业、单位性质、经营规模、业务需求、关键联系人等
用工单位要求	即用工单位对劳务派遣项目的要求是什么，要求劳务派遣公司为其提供哪些派遣服务
项目期限	即用工单位与劳务派遣公司进行劳务派遣业务合作的期限
费用支付	主要包括劳务派遣服务费的支付方式和标准等内容

② 信息收集的方法。劳务派遣项目信息的收集，主要有如表3-4所示的方法。

表3-4　劳务派遣项目信息收集的方法

方法	内容说明
网站查询	通过各类专业网站查询所需获取的劳务派遣项目信息
APP查询	通过招投标APP查询
远程咨询	劳务派遣公司人员通过电话、电子邮件、聊天软件等工具与用工单位劳务派遣项目负责人联系，促成合作
线下收集	劳务派遣公司人员通过面谈、拜访等方式收集用工单位劳务派遣项目信息

（2）信息处理

① 信息审核。在劳务派遣项目中，若为招标项目，招标方会对投标方的资

质进行审核，确保投标方具备完成合作项目的能力和资格，投标方也会对招标方进行调研，以确保合作有序推进。对于一般的劳务派遣项目，劳务派遣公司则会从 5 个方面对用工单位的信息或资料进行审核，具体内容如表 3-5 所示。

表3-5　项目信息审核的内容

内容	内容说明
用工单位营业执照	营业执照是工商行政管理机关发给工商企业、个体经营者的准许从事某项生产经营活动的凭证。审核营业执照的目的是确保用工单位合法经营
经营范围	核实用工单位的经营范围主要是确认用户单位是否具备从事该项业务的资质
企业经营状态	审核用工单位的经营状态,有助于判断用户单位的发展能力和盈利能力
开票信息	开票时需要对方提供的信息,这项内容必须准确
服务要求函件	主要包括用工单位在与劳务派遣公司合作前发送的合作资料,如派遣项目内容、服务要求等

② 信息运用。无论是招标还是非招标方式的派遣项目信息，收集到后都要对其进行妥善处理与运用。

经过审核与处理过的信息，为劳务派遣公司进行项目服务量的测算提供了依据。进行项目服务量测算，有利于劳务派遣公司更好地分配预算，进行资源的调配等。

a. 测算内容。对于劳务派遣项目而言，项目服务量的测算主要包括表 3-6 所示的 3 个方面，具体内容如下。

表3-6　测算的内容

内容	内容说明
项目时间	根据用工单位提供的信息,劳务派遣公司评估此次项目开展所需的时间
派遣人员数量	合理估算此次劳务派遣项目所需派遣人员的数量
派遣类型	基于不同类型的劳务派遣业务,用工单位会有不同的服务要求,劳务派遣公司需根据用工单位的要求,合理评估工作量

b. 测算方法。对于项目服务量的测算，表 3-7 列举了 3 种方法，仅供参考。

表3-7　测算的方法

方法	内容说明
类比法	劳务派遣公司可以根据以往、相似劳务派遣项目所积累的经验或历史数据估算工作量
项目拆分法	将项目分解为具体的工作任务，然后分别对各个任务进行时间估算，最终得出整体的工作量
德尔菲法	劳务派遣公司可以组织有丰富经验的专家共同参与项目服务量的估算工作，经过多方的讨论汇总，得出一个估算值

3.1.2　明确派遣目标与定位

明确派遣目标与定位是确保派遣任务成功的前提。

（1）明确派遣目标

制定派遣项目管理的目标是确保项目按时、按预算、按要求完成，并达到用工单位的期望。清晰而明确的目标还有助于确保派遣项目的有效执行和资源的合理分配。具体而言，在进行劳务派遣项目策划时，管理人员至少需明确7方面内容，具体内容如表3-8所示。

表3-8　需明确的内容

目标项	内容说明
项目业务目标	明确此次派遣项目对劳务派遣公司发展的贡献，以及期望通过派遣实现的业务成果
项目范围目标	明确任务范围，具体说明派遣人员需要完成哪些任务，包括工作内容、时间要求、地点安排等
项目成本目标	合理控制劳务派遣项目的成本，确保在预算范围内完成派遣项目，这包括制定派遣项目的预算、监控项目成本的支出，及时发现并解决成本超支的问题
项目质量目标	确保劳务派遣项目交付的成果符合用工单位的要求，这包括制定劳务派遣项目的服务标准、建立服务质量控制计划，以及及时纠正和预防服务质量问题
项目沟通目标	确保劳务派遣项目推进期间，劳务派遣公司与用工单位双方能有效地沟通，这包括制订派遣项目的沟通计划，沟通的内容、方式及频率等

目标项	内容说明
项目资源目标	合理配置劳务派遣项目开展所需的资源,确保项目顺利进行。这包括确定劳务派遣项目所需的人力、物力和财力资源,并做好资源协调工作,以满足派遣项目的需求
项目风险管控目标	识别、评估和应对劳务派遣项目的风险,这包括制订项目的风险管理计划、及时发现项目风险并采取有效的应对措施,以最大程度地降低项目风险

（2）明确市场定位

市场定位的第一步是确定竞争优势,首先,进行市场调研,了解目标客户的需求、竞争状况以及行业趋势。基于这些信息,选择合适的定位策略,确定自己的市场定位,明确自己的优势和特色,以便在竞争中脱颖而出。

① 市场定位的策略。市场定位的策略是多样化的,包括但不限于如表 3-9 所示的几种。

表3-9 市场定位策略

市场定位策略	内容说明
避强定位策略	这是一种避开强有力竞争对手的市场定位策略,通过寻找市场中的未被充分开发的领域或者客户需求尚未得到满足的细分市场来实现
价格定位策略	通过设定产品的价格来吸引特定的客户群体,比如高端市场或低端市场
产品特性定位策略	强调产品的独特功能或质量,以区别于竞争对手的产品
消费者定位策略	直接针对特定的客户群体,满足他们的特定需求或偏好
地理定位策略	根据产品的销售区域来定位,比如面向国内市场或国际市场
利益定位策略	强调产品或服务能给客户带来的具体利益或好处,如健康、便利、快捷等
用户体验定位策略	侧重于提供优质的客户体验,通过改善产品、服务使用过程中的各个方面来吸引和留住客户

② 定位陈述。劳务派遣公司通过市场细分、需求分析等环节确定了自身的市场定位后,还需将其清晰准确地描述出来,具体要求如下。

a. 目标市场明确：确立目标市场的细节描述,包括客户群体、需求和关注点等，使定位更具针对性，并确保这个定位既符合自己的优势，又能满足目标客户的需求。

b. 陈述清晰简洁：设计简明扼要但有力的定位陈述，能够准确传达企业的核心竞争优势和目标市场的价值，最好能够一句话讲清楚。

3.2 项目分析与设计

3.2.1 项目分析

（1）用工单位需求分析

不同类型的劳务派遣，其具体派遣服务内容是有所区别的。对此，劳务派遣公司要对用工单位的需求进行分析，以便为其提供优质的派遣服务。劳务派遣公司对用工单位的需求分析，主要从以下三个方面进行。

① 有效性。需求信息的有效性可分为真实性与时效性两方面。若需求信息不实，则不具备有效性；若需求信息虽属实但不具备时效性，也同样失去了有效性。

② 重要性。需求信息是否重要，主要是从需求信息的缓急程度和需求量来判断。若用工单位需求急切且需求量大，则说明此类信息是重要的需求信息，劳务派遣公司应优先处理；反之，若用工单位需求不急切甚至不明确、需求量也小，则表明此类信息的重要程度低。

③ 难易程度。对于已经确定的劳务派遣项目的需求信息，劳务派遣公司需根据自身实际来判断其满足的难易程度，据此制订出合理的实施计划。

（2）项目成本测算

项目成本测算是指根据劳务派遣项目的资源需求计划及各种资源价格信息，估算和确定项目总成本的管理工作。管理实践中，项目成本测算的主要依据包括但不限于：项目范围说明书、项目工作分解结构、项目资源需求计划、项目工期要求、项目质量要求等。

① 项目成本测算内容。劳务派遣项目的成本测算涉及多个方面，其主要内容如表3-10所示。

② 项目成本测算方法。下面介绍2种常见的项目成本测算方法。

a. 自上而下估算法。即从项目的整体角度出发，按照目标和范围确定项目的高层次工作量和成本，逐渐细化至具体任务，最终确定项目的整体成本。

表3-10　劳务派遣项目的成本

成本		内容说明
人力成本	员工薪资	这是劳务派遣项目的主要成本之一,包括基本工资、奖金、津贴等。具体数额需根据派遣员工的岗位、技能水平、工作经验以及市场行情等因素进行确定
	社会保险费用、福利费用	社会保险费用包括养老、失业、医疗、工伤、生育等社会保险费用,具体数额需根据国家规定和当地政策进行缴纳;
		福利费用:包括员工福利、节日福利、员工培训等,这些费用可以提高员工的满意度和忠诚度,从而降低员工流失率
	招聘费用	包括招聘广告费、招聘会费用等,用于吸引和选拔合适的派遣员工
营运成本	办公费用	包括租金、水电费、网络/电话费、办公设备等费用,这些费用是劳务派遣公司日常运营所必需的
	财务费用	包括资金成本、利息支出、手续费等,用于维持公司的正常运营和扩大规模
	管理费用	包括人力资源部门、财务部门等管理人员的薪资、差旅费等,用于保障公司的管理和服务质量
	营销费用	包括市场推广、品牌建设等费用,用于提高公司在市场上的知名度和竞争力
其他成本	税费	根据国家规定和当地政策,劳务派遣公司需要缴纳相关税费,如企业所得税、增值税等
	风险成本	包括员工离职、工伤事故、劳动纠纷等风险所带来的成本

　　b. 自下而上估算法。即根据项目分解结构,从项目的具体任务和工作量出发,对每个任务和工作量进行成本估算,然后逐渐合并至整体成本。

　　此外,劳务派遣公司还可以采用多种成本核算方法,如直接人工成本法、间接人工成本法、标准成本法等,以更准确地计算和控制成本。同时,公司还需要建立完善的成本管理制度和流程,加强成本核算和分析工作,及时发现和解决成本问题,提高公司的经营效率和盈利能力。

　　劳务派遣公司灵活运用成本测算方法进行项目成本测算,据此形成一张项目成本预算表,项目成本预算表如表3-11所示。

　　(3)项目收益估算

　　劳务派遣项目的收益估算涉及多个方面,如表3-12所示。

表3-11 项目成本预算表

项目名称：　　　　　　　　　　　　　　填表日期：　　年　月　日

成本项目		时间		数量（单位）	预计费用
		开始	结束		
人工成本	员工薪资				
	社会保险费用				
	福利费用				
	……				
营运成本	办公费用				
	财务费用				
	管理费用				
	营销费用				
其他成本	税费				
	风险成本				
总计					

表3-12 项目收益估算

收益		内容说明
直接收益	派遣费用	这是劳务派遣公司的主要收入来源。按派遣员工数量收取服务费是一种常见的收费模式，即用工单位每使用一位劳务派遣员工，就需要向劳务派遣公司支付一定的派遣费用。例如，如果用工单位按照50元/(人·月)的标准支付劳务费，那么劳务派遣公司每月从每位员工身上可以获得的直接收益就是50元
	项目服务费	劳务派遣公司可以按照项目来收费，这通常涉及一些特定的服务项目
间接收益	其他服务费	劳务派遣公司可以提供其他增值服务，如员工培训、人力资源管理咨询等，从而获得额外的服务费用
总收益估算	……	劳务派遣项目的总收益估算需要综合考虑直接收益和间接收益。直接收益可以通过按人数提成和按项目收费两种方式获得，具体数额取决于用工单位的支付标准和项目的具体情况。间接收益则来自招聘费用和其他服务费用，具体数额取决于公司的运营效率和提供的服务质量

劳务派遣公司根据与用工单位签订的劳务派遣协议的内容，对劳务派遣业务项目的收益进行汇总，据此编制出项目收益估算表，项目收益估算表如表 3-13 所示。

表3-13　项目收益估算表

项目名称		项目收入	项目成本	收益金额	毛利率
××劳务派遣项目	阶段一				
	阶段二				
	阶段三				
合计					

需要注意的是，在估算总收益时，劳务派遣公司还需要考虑一些潜在的风险因素，如员工离职、工伤事故、劳动纠纷等，这些事件可能会对公司的收益产生影响。因此，公司需要建立完善的风险管理机制，以降低这些风险对公司收益的影响。

3.2.2　项目设计

（1）用工需求统计

一般情况下，用工单位的用工需求集中在临时性、可替代性和辅助性的岗位。就普通派遣员工在用工单位内部的就业岗位来说，用工单位的用工需求较多地体现在保安、话务员、司机、保洁等岗位，但随着劳务派遣管理和服务的不断发展和完善，也会涉及更多的岗位。

只有事先明确用工单位用工需求的岗位类型和数量，才能向用工单位派出合适的员工，以满足用工单位的需求。在此环节，需明确需求的岗位、数量及需求基准这 3 个问题。

需求基准可以简单地理解为招聘标准或要求，其内容包括任职者的年龄、性别、学历、专业、工作经验、工作能力、个性品质等。如用工单位需招聘 20 名普通技术工人，劳务派遣公司除明确了派遣岗位及派遣员工数量这一信息外，还需就技术工人的技能、年龄等与用工单位沟通，确保派遣的员工符合用工单位的需求。

根据用工单位的招聘需求，劳务派遣公司需制定出相应的需求基准。制定的需求基准至少需考虑两个因素：用工单位的岗位需求、国家相关政策。

制定出的需求基准应符合国家有关规定，如《劳动合同法》《劳务派遣暂行规定》等。

在此基础上，劳务派遣公司编制用工需求统计表，用工需求统计表如表 3-14

所示，便于开展下一步的招聘工作。

表3-14　用工需求统计表

日期		部门	
招聘岗位		招聘人数	
原因	□员工离退　□业务增量　□新增业务　□候补储备		
紧急程度	□特急　□急迫　□一般		
招聘方式	□网络招聘　□人才市场　□熟人推荐		
招聘岗位人员要求			
性别		年龄		学历	
专业		工作经验		外语水平	
其他标准			
部门经理意见			
人力资源部意见			
总经理意见			

（2）编制合作方案

合作方案是劳务派遣公司与用工单位就某一劳务派遣项目如何开展，在双方达成共识的基础上所确定的方案。其方案主要包括但不限于表3-15所示的8个方面的内容。

表3-15　合作方案主要包括的内容

内容	内容说明
合作背景	说明合作的契机以及双方的意向
双方简介	介绍合作双方公司的基本概况,如公司名称、业务范围、经营状况等
项目简介	介绍双方合作项目的基本内容,包括项目名称、合作期限、双方的主要负责人、所需资源、预期收益等
合作模式	介绍双方合作项目的实施计划,如合作方式、如何协调、资源分配等
合作启动事宜	介绍双方正式签订项目合作协议的时间、实施地点等
合作进度控制	介绍合作项目的实施进度及进程控制方案,确保项目的顺利推进
合作结束事宜	主要说明项目合作结束后,有关项目服务质量、尾款结算等方面的事宜
其他	根据项目实际情况,可能会有其他问题需要被纳入合作方案中

明确了合作方案包含的内容，具体在编制合作方案时，劳务派遣公司还需注意一些编制要求，合作方案编制要求如表3-16所示。

表3-16　合作方案编制要求

编制要求	内容说明
外在要求	所编制出的合作方案，其外观精美、排版整齐、格式规范、图文并茂
内在要求	整体感强，即所介绍的内容全面、具体，无重要事项遗漏
	清晰准确，即在保证方案专业性的同时，要求其内容准确、重点突出
	逻辑严密，即所编制出的合作方案结构合理、条理清晰
	针对性强，即所编制出的合作方案需符合双方的需求，做到切实可行

3.3 项目评估与优化

3.3.1　项目评估

（1）项目合规性评估

劳务派遣公司与用工单位进行派遣项目合作之前，劳务派遣公司需对合作项目的合规性进行评估。

对派遣项目进行合规性审核，项目合规性审核的原则如图3-1所示。

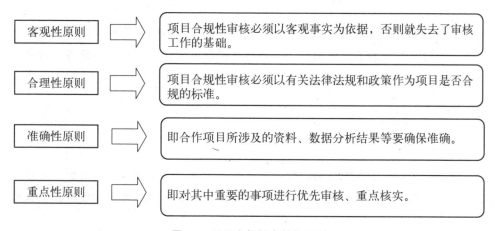

图3-1　项目合规性审核的原则

就劳务派遣合作项目而言，其具体的审核内容主要包括但不限于如表3-17所示的3个方面。

表3-17 项目合规性审核的内容

审核内容		内容说明
项目主体		即劳务派遣公司是否具备从事派遣业务的资质,用工单位是不是合规、妥善地经营等
项目内容	派遣员工的劳动关系	核实派遣员工是否与劳务派遣公司签订了劳动合同、建立劳动关系
	用工范围和用工比例	核实项目中的用工范围和用工比例是否符合《劳务派遣暂行规定》的内容
	同工同酬	审核项目协议中关于派遣员工待遇方面是否符合同工同酬的要求

（2）成本收益评估

① 成本要素。列举和详细描述劳务派遣项目的各项成本要素，如人力成本、设备投入、场地租赁等，确保细致全面。

② 收益要素。列举和详细描述劳务派遣项目的各项收益要素，包括直接收益和间接收益，确保考虑了项目投入所有可能的收益来源。

③ 评估。成本收益法是指以货币单位为基础对投入与产出进行估算和衡量的方法。这一比较结果可通过计算投资回报率（ROI）指标得出。

$$投资回报率 = \frac{项目收益}{项目成本} \times 100\%$$

投资回报率能反映所投资项目的综合盈利能力，且由于剔除了因投资额不同而导致的利润差异的不可比因素，因而具有横向可比性，有利于判断各派遣项目业绩的优劣；此外，投资利润率也可以作为选择投资机会的依据，有利于优化资源配置。

3.3.2 项目优化

项目优化是一个系统性的过程，它是对项目进行全面的评估和分析，通过一系列的方法和技巧，对项目进行改进和优化，以提高项目的效率和质量，达到预期的目标。

（1）项目优化的内容

项目优化包括对项目的各个方面的优化，表 3-18 列举了其中的 5 点主要内容。

表3-18　项目优化的主要内容

主要内容	内容说明
时间优化	根据与用工单位签订的协议,通过对劳务派遣单位内部合理的时间管理、资源调配等手段,缩短办结时限,提高项目的执行效率
质量优化	采用先进的管理系统,提升劳务派遣单位人员素质,防范并及时解决项目中可能出现的质量问题,确保项目交付的成果符合标准和用工单位需求
资源优化	根据协议的要求,劳务派遣单位合理配置派遣项目所需的人力、物力、财力等资源,确保资源的高效利用,避免资源浪费
成本优化	分析劳务派遣项目的各项成本,包括人工成本、管理成本等,通过优化内部管理流程,寻找降低成本的途径
持续改进	项目团队应不断收集和分析项目数据,并在此基础上对项目流程进行改进。可以通过项目回顾会议、用工单位的反馈等方式来获取反馈意见,并优化项目管理流程

表3-18提及的项目资源优化是项目管理中的一个重要环节,它包括对项目所需资源的有效利用、分配和调度,以确保项目能够按时按质完成。下面对其进行简要的说明,具体内容见图3-2。

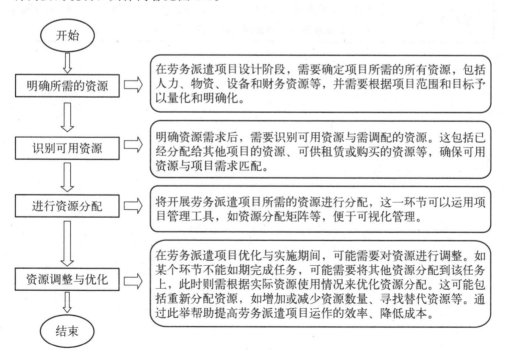

图3-2　项目资源优化流程

（2）项目优化的要点

项目优化不仅可以帮助项目团队更好地完成项目目标，还可以提高公司的竞争力，降低成本，提高效益。下面简要介绍了项目优化的要点，具体内容如表 3-19 所示。

表3-19　项目优化的要点

要点	内容说明
制订合理的项目计划	该环节是项目优化的重要基础，在制订项目计划时，需要考虑项目的目标、风险、资源等因素，并制订相应的计划和时间表。另外，在劳务派遣项目执行过程中，需要及时调整和优化计划，以保证劳务派遣项目的顺利推进
简化流程	即去除重复环节、简化流程，减少劳务派遣公司内部不必要的审批等程序，提高项目执行效率
加强沟通	建立跨部门协作机制，定期召开项目进展会议，明确责任和沟通渠道，以促进项目信息的有效传递和共享
优化风险管理	劳务派遣公司需建立完善的风险管理机制和流程，及时识别和评估风险，并采取相应的措施进行应对和防范，便于提高项目运作的稳定性
引入技术支持	利用项目管理工具和软件来提高信息共享和协同工作效率，如使用甘特图、流程图等工具来跟踪项目进度

第 **4** 章 ▶▶

劳务派遣业务开拓

4.1 业务开拓对象

4.1.1 用工单位

　　劳务派遣公司作为连接人才与用工单位的桥梁，在现代经济发展中扮演着重要的角色。对于劳务派遣公司而言，拓展合作对象是推动公司业务发展的重要途径。其中，用工单位是劳务派遣公司的重点开拓对象和重点服务对象。

　　劳务派遣适合各类用工单位，劳务派遣公司利用自身的优势，如人才资源优势、服务优势等为用工单位输送其所需的员工，用工单位支付给劳务派遣公司一定的费用，这是劳务派遣公司得以有效经营的关键条件。因此，劳务派遣公司需积极地与更多的用工单位建立合作关系。

4.1.2 派遣员工

　　为解决用工单位短期、临时性等岗位的用工需求，并且将符合用工单位所需的人员派遣至用工单位，劳务派遣公司需储备丰富的人力资源。因此，劳务派遣公司除需积极拓展企业客户外，还需吸引更多的优质劳动力进入公司，这些个体可能是家政服务员、餐厅工作人员、建筑工人等。劳务派遣公司利用自身优势可以为他们提供就业机会。

4.2 业务开拓方式

4.2.1 网络拓展

　　利用网络平台进行业务推广是现代企业不可或缺的一种业务推广方式。劳务派遣公司可以通过运用互联网技术和平台发布招聘信息、行业动态、公司业务、企业文化等内容，吸引目标客户，以此来扩大公司的业务覆盖范围、提升品牌知名度和提高市场份额。

　　招聘网站运用法便是网络拓展的一种。通过招聘网站获取目标客户的信息，是劳务派遣公司拓展业务的重要途径。公司可以通过在招聘网站上发布招聘信息、搜索目标客户的简历等方式，主动寻找潜在客户。

4.2.2 熟人拓展

在当今竞争激烈的市场环境中，利用熟人关系开拓业务被很多公司运用到工作中。这些关系包括亲戚、朋友、同学、同事、老客户等。

（1）优势

熟人拓展这一方式较于其他拓展方法，有着自身独特的优势，具体内容如图4-1所示。

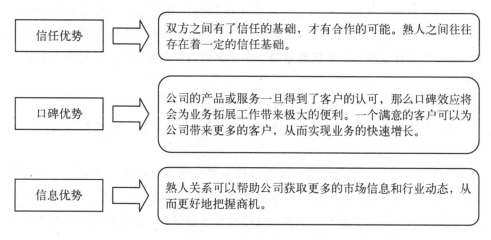

信任优势	双方之间有了信任的基础，才有合作的可能。熟人之间往往存在着一定的信任基础。
口碑优势	公司的产品或服务一旦得到了客户的认可，那么口碑效应将会为业务拓展工作带来极大的便利。一个满意的客户可以为公司带来更多的客户，从而实现业务的快速增长。
信息优势	熟人关系可以帮助公司获取更多的市场信息和行业动态，从而更好地把握商机。

图4-1　熟人拓展的优势

（2）要点

运用熟人拓展法拓展公司业务，劳务派遣公司需把握如下 5 个要点。

① 建立人际关系网络。劳务派遣公司需鼓励员工建立起广泛的人际关系网络，便于后续业务拓展工作的开展。

② 明确目标。在采用熟人拓展劳务派遣公司业务之前，劳务派遣公司人员首先需确定熟人是否与自己的目标相关。若有关联，通过与熟人进行简单的寒暄之后，需在短时间内简要清晰地告知客户自己是做什么业务的、为对方提供怎样的价值。

③ 把握时机。劳务派遣公司人员与熟人沟通过程中，发现客户有兴趣了解其派遣服务项目时，要快速、清晰、有条有理地介绍项目的功能、服务质量、价值等。

④ 善于提问，了解客户需求。劳务派遣公司人员在向熟人介绍劳务派遣业

务时，需及时倾听客户的需求和反馈并给予回应。需将重点放在能带给客户哪些价值上，这样也会激发顾客对公司业务的兴趣。

⑤ 提供个性化服务。针对不同熟人的需求，提供个性化的产品或服务方案。这将增加他们对公司的信任，并提高业务成功率。

劳务派遣公司可以鼓励员工和客户分享自己的使用体验，或者通过举办客户交流会、座谈会等活动，增强客户黏性。

4.2.3　行业展会

展会活动是劳务派遣公司进行业务拓展的重要方式之一。通过参加行业展会，公司可以与行业内的专业人士、潜在客户及合作伙伴进行面对面的沟通和交流。通过参加行业展会，不仅能帮助劳务派遣公司提高知名度，还有助于其拓展新客户。

（1）优势

较于其他业务开拓方式，行业展会这一形式有着其独特的优势，具体内容如下。

① 为公司提供了展示实力的平台。行业展会为劳务派遣提供了一个展示自身实力的平台。在行业展会上，劳务派遣公司可以通过展台、演讲、研讨会等形式，向来自各地的参展商和客户展示自己的业务和服务。此举能吸引潜在客户的关注，有助于为公司赢得更多的市场份额。

② 便于与同行交流合作。行业展会为劳务派遣公司提供了一个与同行交流合作的机会。在展会期间，公司可以与来自不同地区的参展商、客户进行面对面的交流，了解市场的最新动态和行业发展趋势。此外，公司还可以通过与其他参展商建立合作关系，实现资源共享和互利共赢。

③ 信息获取。通过参加行业展会，劳务派遣公司能了解行业前沿技术和创新动态，为本公司的业务升级和服务创新提供指导。

（2）实施要点

下面是劳务派遣公司运用行业展会拓展业务的主要要点。

① 选择合适的展会。劳务派遣公司需了解展会的参展人群和行业情况，确保参展的针对性和有效性。

② 做好参展前的准备工作。为了达到预期的效果，劳务派遣公司在参加行业展会之前需做好必要的准备工作。确保展位布置、宣传资料等符合展会主题和企业形象。其他如海报设计等也需要具有辨识度和吸引力，能够凸显劳务派遣公

司的专业性，便于吸引目标客户。

③ 活动设计。劳务派遣可以策划一些有吸引力的展会活动，如专家讲座等。这些活动不仅可以吸引展会参观者的注意，也能够给现场的顾客留下深刻的印象。

④ 后续回访与维护。展会结束后，劳务派遣公司需要做好与参展客户的跟进和回访工作。在跟进和回访的过程中，寻找进一步合作的机会。

总之，行业展会不仅是劳务派遣公司进行业务推广的重要手段，也是公司与客户之间建立信任关系的重要途径。

4.2.4 社交媒体拓展

随着互联网的普及和社交媒体的崛起，社交媒体已成为许多企业拓展业务的重要手段之一。通过有效运用社交媒体平台，劳务派遣公司可以与潜在客户进行互动，进行业务推广，扩大品牌影响力。要想达到上述效果，在运用这一方式进行业务拓展时，劳务派遣公司至少需做好如下 5 个方面的工作。

① 确定目标受众。在开始社交媒体营销之前，首先要明确目标受众是谁。目标受众情况包括他们的年龄、性别、兴趣爱好、使用习惯等特征。通过分析目标受众，可以更好地选择适合的社交媒体平台和内容形式。

② 选择适合的社交媒体平台。不同的社交媒体平台适用于不同行业的目标受众，如 LinkedIn 适合专业性强的内容，Instagram 适合视觉类产品等。通过了解不同社交媒体平台的特点和受众，劳务派遣公司可以有针对性地选择合适的平台并在上面展示自己的业务。

③ 发布优质内容。在社交媒体平台上发布有价值的内容是吸引潜在客户的关键。劳务派遣公司应根据业务需要，发布与派遣业务有关的、有趣的、有价值的内容，以吸引受众并与其进行有效的互动。这些内容可以包括行业趋势、派遣项目或服务介绍等，此外，劳务派遣公司还可以运用各种形式的内容如图片、视频、问答等，增强互动性与分享性。

④ 监测和分析。在运用社交媒体平台进行业务拓展的过程中，劳务派遣公司对其效果进行持续监测和分析是必要的。通过社交媒体平台提供的统计数据和分析工具，劳务派遣公司可以了解用户反馈、互动程度、转化率等情况，从而优化推广策略并作出必要的调整。

⑤ 注重用户体验。用户体验是社交媒体营销成败的关键因素之一，劳务派遣公司需要注重提高平台的易用性、加载速度和用户反馈等方面，以提高客户满

意度和忠诚度。

通过以上步骤和关键点的实施，劳务派遣公司可以有效地利用社交媒体平台来拓展业务和提升知名度。

4.3 业务开拓技巧

4.3.1 制定差异化策略

随着市场竞争的加剧，劳务派遣公司需要制定差异化的营销策略来拓展更多的业务，以获得持续的竞争优势。下面是一些制定差异化策略的建议。

（1）目标市场分析

劳务派遣公司需深入了解目标市场/客户的特点、需求和偏好，具体包括目标企业性质、地域、业务特点等因素。

（2）竞争对手分析

通过对同行的派遣业务内容、服务价格等方面的分析，了解竞争对手的优势和不足，进而确定自身在市场中的定位。

（3）确定差异化要素

基于市场分析结果，找出与竞争对手的差异化要素，这些要素可以是派遣项目的特点、服务质量、服务价格等方面。

（4）提供独特的价值

基于差异化要素，劳务派遣公司通过业务创新、增加附加值等方式，确保其提供的服务能够为客户带来独特的价值。

（5）营销策略制定与实施

在上述工作的基础上，劳务派遣公司制定并执行营销策略，有效传播产品或服务的差异化优势。

总之，制定差异化策略是一个复杂的过程，需要综合考虑多方面的因素。只有全面考虑这些因素，才能制定出有效的差异化策略并实现业务拓展目标。

4.3.2 提供增值服务

为客户提供增值服务的关键在于超出常规服务范围，积极满足客户的个性化需求，并通过优质的服务拉近与客户的关系，其具体措施包括但不限于如下 3 个方面。

（1）优化项目和服务设计

根据客户的需求和期望，劳务派遣公司对业务项目和服务进行优化，以及对服务流程、服务内容、服务质量等方面进行改进。

（2）提供优质的客户服务

客户满意度是业务成功的关键因素之一。提供高质量的客户服务，有助于提升客户满意度并建立长期的客户关系。其中，积极解决客户问题、关注客户服务的细节、关注客户的反馈和建议无疑都属于客户服务的内容。

（3）提供增值服务项目

一般而言，为客户提供的增值服务项目有定制服务、咨询服务、维修保养服务、售后服务等。结合劳务派遣公司的业务，下面列举了其中的几项增值服务项目。

① 定制服务。根据客户的需求，为其提供定制化的服务。例如为用工单位提供定制的派遣项目管理软件等。

② 咨询服务。为客户提供专业咨询服务，如劳务派遣事宜、人事政策咨询等，帮助他们解决遇到的问题。

③ 培训服务。为客户提供技能培训或管理培训服务，帮助他们提升派遣员工素质和工作效率。

4.3.3　联合拓展

进行业务拓展时，除积极利用自身优势和特色来吸引更多的潜在客户，以便获得更多的劳务派遣业务外，劳务派遣公司还需借助外界资源助力，联合拓展便是其中的一种方式。

下面简要地介绍联合拓展的 3 项具体措施。

（1）与业务互补的企业合作

劳务派遣公司的业务有多种，若与自身业务互补的企业进行合作，则能够通过资源共享的方式为现有客户和新客户提供更多价值，进而有利于业务的拓展。

（2）建立与维护行业协会的关系

劳务派遣公司需积极与当地行业协会建立良好的关系，以获取更多的市场资源和支持。

（3）与优质内容创作者合作

劳务派遣公司还可以与行业内的专家、博主和优秀的内容创作者建立良好的关系，可以通过他们的平台将企业的业务和动态传达给更广泛的受众，进而获得更多潜在的客户。

第 **5** 章 ▶▶

劳务派遣业务洽谈

5.1 业务洽谈

5.1.1 明确客户服务需求

劳务派遣就是派遣机构根据用工单位的用人需求，将符合要求的员工派遣到用工单位，然后收取一定服务费用的行为。因此用工单位的需求是劳务派遣机构开展业务活动的前提，只有明确了用工单位的需求，才能保证派遣的服务质量及经济效果。明确用工单位需求，主要是对用工单位派遣需求的范围、特征、数量、期限等进行详细确认。具体内容如图 5-1 所示。

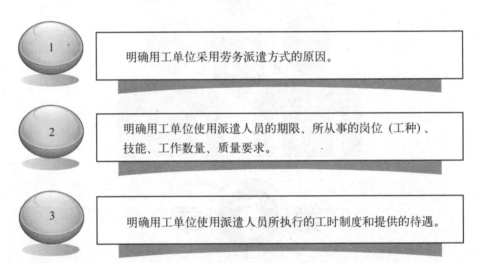

| 1 | 明确用工单位采用劳务派遣方式的原因。 |

| 2 | 明确用工单位使用派遣人员的期限、所从事的岗位（工种）、技能、工作数量、质量要求。 |

| 3 | 明确用工单位使用派遣人员所执行的工时制度和提供的待遇。 |

图5-1 明确用工单位需求内容

其中，受业务特征的影响，劳务派遣机构的客户需求分析还应该重点考察用工单位需求的合法性。如《劳动合同法》《劳动合同法实施条例》中明确规定，劳务派遣一般在临时性、辅助性或替代性岗位上，对于用工单位其他方面的劳务派遣需求，派遣机构就需要深度分析这一需求的合规性。

5.1.2 分析考察客户情况

当与用工单位达成了初步的合作意向后，劳务派遣机构还需要对用工单位的基本情况进行分析考察，防止盲目输出，并为后续的服务执行提供保证。分析考察的内容，如图 5-2 所示。

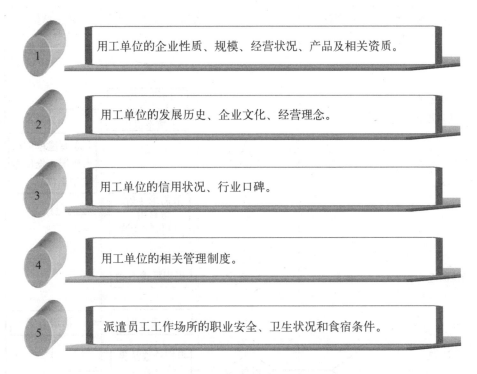

1	用工单位的企业性质、规模、经营状况、产品及相关资质。
2	用工单位的发展历史、企业文化、经营理念。
3	用工单位的信用状况、行业口碑。
4	用工单位的相关管理制度。
5	派遣员工工作场所的职业安全、卫生状况和食宿条件。

图5-2　分析考察用工单位的基本情况

详细了解和掌握用工单位的实际情况，是切实保障用工单位和劳动者合法权益的关键，只有深入了解和掌握用工单位的具体情况，才能为用工单位选派符合要求的员工，才能为用工单位提供既符合劳动人事管理法规规定，又能使用工单位和劳动者满意的规范的劳务派遣管理和服务。

5.1.3　双方洽谈派遣方案

劳务派遣方案，是劳务派遣机构与用工单位进行合作的基础。劳务派遣机构在了解用工单位的需求和掌握相关具体情况的基础上，拟订并向用工单位提交切合实际的、以劳动人事管理政策法规为依据和劳务派遣日常管理为主要内容，包括劳务派遣实施步骤、主要业务工作程序在内的具体实施方案，以此作为用工单位和劳务派遣机构在实施劳务派遣期间相互合作的基础。

劳务派遣公司与用工单位就派遣方案达成一致意见，需经过一定的程序，图 5-3 清晰地展现了这一洽谈过程。

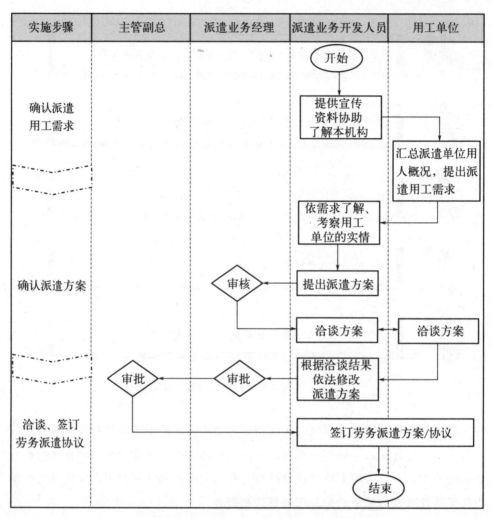

图5-3 劳务派遣公司与用工单位洽谈派遣方案的过程图

以下是某劳务派遣机构为客户拟订的劳务派遣方案,供读者参考。

劳务派遣方案

一、公司简介(略)

(从本公司主营业务、服务特色、服务优势等方面予以描述。)

二、劳务派遣服务综述

劳务派遣业务是一种可跨地区、跨行业新型的用工方式。用工单位根据业务发展需要,由劳务派遣机构派遣所需员工,并由劳务派遣机构与员工建立劳动关系,负责员工的管理。其最大特点是劳动力的使用与管理相分离,劳务派遣机构雇佣工人但不使用工人,用工单位使用工人但不雇佣工人。

劳务派遣服务操作实务手册(第二版)

实行劳务派遣后,实际用工单位与劳务派遣机构签订《劳务派遣协议》,劳务派遣机构与派遣员工签订《劳动合同》,实际用工单位与派遣员工签订《岗位协议》,用工单位与劳动者双方只有使用关系,没有劳动合同关系。

三、劳务派遣方案的主要目标

根据客户单位的劳务派遣用工需求,本人力资源管理服务公司(劳务派遣机构)只负责管人而不用人,而客户单位(用工单位)只用人而不管人,从而达到规范劳动关系、转移用工风险、降低用人成本的目的。

四、服务项目及报价

本公司提供的服务项目及收费标准见下表。

服务项目及报价表

服务项目			报价
基本服务	1	员工劳动关系转移及劳动合同的签订	___元/(人·月)(10人以下) ___元/(人·月)(11~30人) ___元/(人·月)(31~50人) ___元/(人·月)(50人以上)
	2	员工劳动档案的建立及管理	
	3	员工工资发放	
	4	员工社会保险的缴纳	
	5	员工住房公积金缴纳及提取	
	6	员工的劳动争议处理	
	7	员工关系维护(定期走访、交流会、疑难问题解答)	
	8	员工职业技能培训	
	9	代办员工有关的证件	
	10	人事法律、法规、政策咨询	
增值服务	招聘 1	根据客户需要利用本派遣公司的渠道为客户发布招聘信息	___元/人
	2	简历筛选,提供候选人	
	3	组织应聘者考试与初试	
	4	安排应聘人员复试	
	5	个性化推荐(中端人才)	___元/(人·次)
	6	猎头服务(高端人才)	___元/(人·次)
	团队建设 7	拓展训练	___元/次
	8	针对性课题培训	___元/课时
	9	员工表彰大会	___元/次
	10	人力资源管理咨询	___元/次

五、服务内容说明

（一）本公司建立内部人才储备库的渠道

1. 通过人才市场、劳务市场、人才中介机构等途径寻找人才。

2. 举办专场招聘会，定向吸引专业型人才。

3. 与本市市内各大高校、中职技校和就业机构搭建合作平台。

4. 通过专业招聘网站、公司网站、人力资源 QQ 群等长期发布人员需求信息。

5. 在员工队伍中做好宣传工作，通过员工举荐同行业人才等。

（二）派遣员工的招聘及入职

1. 用工单位提出用工需求，注明岗位（工种）、资格要求及人员数量、薪资福利待遇等。

2. 公司从人才库里提取符合用工单位需求的人员，由我公司与用工单位共同面试；若人才库中无匹配人选，立即采取其他渠道招聘。

3. 初试合格者由我公司开具《劳务派遣介绍信》，带上相关证件到用工单位进行复试（含实际操作）。

4. 复试合格者（若有体检要求，须到指定医院进行体检），带上相关证件（身份证复印件，毕业证复印件，岗位资质证，社保接续卡、照片，体检证明等），与我公司建立劳动合同关系后，凭《劳务派遣通知书》，正式派往用工单位工作。

5. 协助用工单位完成安全教育、职业操守等入职培训，申缴有关社会保险、办理员工银行工资卡。

6. 试用不合格者，用工单位按规定开具《退工通知书》，将员工退回我公司，由我公司通知测试人员，并立即推荐新的员工进行试用。

（三）人员信息的更新和管理

本公司会每周更新人事报表，并在月底提交人事月报，统计各项人事数据，提交入职、离职人员名单。

（四）工资的发放

本公司会依据协议的预定，准时、足额发放派遣员工的工资，并将发放工资的有效凭证复印件提交贵公司留底查存。

（五）员工档案管理（略）

（六）员工管理

1. 入职前的教育和动员，让派遣员工认同派遣的形式。

2. 了解派遣员工的文化背景并要求其主动学习和融入用工单位的文化。

3. 与用工单位合作制定针对派遣员工切实可行的管理制度，根据需要在相应的周期内进行修订，保持制度的合法性和实用性，如《员工手册》《员工入职须知》等。

（七）员工服务与关怀

1. 由专人定期和不定期走访派遣员工，了解员工生产、生活状况，发生问题及时与客户联络人接洽，双方配合解决。

2. 为提升凝聚力，增进认同感，公司定期开展员工年度评优与评先、员工座谈等活动。

3. 针对容易发生的小工伤和感冒生病，定期购买、补充创可贴、消炎药、感冒药、红花油、纱布等，为员工解除后顾之忧。

4. 公司出台了员工特殊情况慰问、募捐制度。

5. 开展丰富多彩的活动,增进派遣员工之间、派遣员工与用工单位员工之间交流,丰富派遣员工的业余文化生活,提供展现自己才能的机会和舞台,如定期举办的派遣员工"技能比武会""联欢晚会"等。

6. 重视对派遣员工职业和转业指导,帮助他们规划自己的职业生涯,不断促进派遣员工的职业发展和提升。

7. 发挥从事人力资源服务的优势,借助众多客户单位,做好转业、转岗人员的内部调配,有效提高派遣服务机构在员工中的信任度。

8. 公司开通咨询电话、电子邮箱,长期面向员工提供人事政策、法律法规等有关问题、流程的咨询、解释工作。

9. 协助办理职称、职业资格等,开具婚姻状况、房屋按揭收入、职称申报等证明。

(八)客户关系维护

1. 为规范服务流程,改进服务质量,我们定期进行客户满意度调查,针对有关问题进行了书面信息反馈,并积极采取有效措施改进、完善。

2. 本公司积极协助进行绩效考核、薪酬制定,并开通咨询电话、电子邮箱,长期面向用工单位提供劳动、人事政策、法律法规的咨询工作。

(九)劳动争议处理(略)

六、本公司承诺

1. 保证服务质量。公司将配备专业的项目团队,严格执行双方约定的制度、流程,以保证劳务派遣的服务质量。

2. 保证服务规范。公司将严格按照服务公约,以规范化的管理流程,及时处理、解决有关事务。

3. 保证员工利益。及时、准确地申报有关社会保险,及时支付员工工伤、医疗、生育等保险待遇,按时、足额发放员工工资(在特殊情况下可由公司先行垫付)。

4. 妥善处理退工。贵公司依照国家及双方派遣协议有关规定的退工,本公司负责接受并妥善处理。

5. 在提供派遣服务的基础上,本公司将为客户单位提供以下免费或优惠服务。

_____

_____

_____

5.2 业务洽谈技巧

5.2.1 掌握洽谈礼仪

(1) 见面礼仪

掌握一些见面礼仪,能给客户留下良好的第一印象,为以后顺利开展工作打下基础。见面礼仪如表5-1所示。

表5-1　见面礼仪

见面礼仪	内容说明
握手礼	与他人握手时,目光注视对方,微笑致意,不可心不在焉、左顾右盼
	握手时要用右手
	注意握手的力度,需适中
介绍礼	介绍自己:需将自己工作的单位、部门、职务、姓名均清晰地告知客户。示例:您好,我是××公司的业务部主管××,很高兴认识您
	介绍他人:顺序如下,低阶→高阶,自家人→别家人,男士→女士,年轻→年长
名片礼仪	递名片:双手食指、拇指执名片的两角,文字正面朝向对方,同时做简短的自我介绍;如双方同时递出,左手接对方名片,右手从对方稍下方递出
	收名片:起立、上前,双手或右手接名片。接过名片后,当即快速认真默读一遍;另外,接受他人名片时,还应有语言表示,如"请您多关照""请您多指教"等
行进礼仪	上下楼梯,上楼时:领导在前,男士在前女士居后;下楼时:男士在前女士居后,幼者在前长者居后
	出入电梯,无人开梯时,客人后进先出;有电梯服务人员时,让客人先进先出
	走廊上,走在客户侧前方两至三步,偶尔向后望,确认客户是否跟上

（2）电话礼仪

劳务派遣业务人员进行电话沟通时不仅要学会各种电话沟通礼仪规范,还应熟知电话沟通中的禁忌事项,避免造成尴尬或留给客户不好的印象,从而影响个人及企业形象。

（3）沟通礼仪

实践表明,良好的沟通可以让工作效率翻倍,文明有礼的言辞态度更会令劳务派遣业务人员赢得他人的尊重。因此,劳务派遣公司员工需掌握业务洽谈中的沟通礼仪。

此外,业务洽谈沟通中的表达应该清晰而准确,表达的要点如表 5-2 所示。

表5-2　表达的要点

要点	内容说明
清晰	①逻辑清晰。表达的逻辑思路很重要,应该把握住表达的主线,让客户明白劳务派遣业务人员阐述的内容
	②表达清晰。洽谈时避免生硬的词汇,要考虑到对方的接受程度

要点	内容说明
完整	沟通时需将所要传递的信息完整准确地表达出来,便于客户做出决定
简洁	在逻辑清晰和信息完整的基础上,应追求语言的简洁
色彩	业务洽谈过程中,适时地穿插生动的比喻和幽默的描述能够更清楚地表达自己的观点和愿望,活跃谈话的氛围

5.2.2 掌控洽谈节奏

劳务派遣公司业务洽谈人员需针对不同客户、不同情况,采取不同的措施,总的原则是要掌握好沟通节奏,其沟通进程大体上与客户同步或者适度地引导客户,让其不反感,这样会更有利于劳务派遣业务的成交。而要想达到这一效果,劳务派遣公司业务洽谈人员至少需掌握如下2个要点。

(1)善于倾听

在与用工单位进行派遣业务洽谈时,善于倾听是劳务派遣公司业务人员需要掌握的一项技巧。倾听客户的需求、意见和建议,既能体现对客户的尊重,还有助于更好地理解对方的需求,从而提供更加精准的解决方案。

(2)巧妙掌握说话的时机

劳务派遣公司的优秀业务员大多能抓住与客户谈话中的"决定性瞬间"进而获得销售转机。因此,业务员要善于把握时机,通过寻找适当的说话时机以掌握谈话节奏,抓住决定性的瞬间,促成业务洽谈的成功。

5.2.3 展示专业素养

专业素养是专业知识、专业能力、专业精神等方面的体现。对劳务派遣业务人员而言,其专业素养的体现集中表现在如表5-3所示的几个方面。

表5-3 劳务派遣人员专业素养说明

方面	内容说明
专业知识	①人力资源知识 ②劳务派遣有关法律法规知识
专业能力	①业务洽谈能力 ②观察能力、沟通能力 ③客户关系维护能力

续表

方面	内容说明
专业精神	①虚心学习的心态 ②积极主动的意识 ③敬业与合作

专业素养是做好工作的重要基础，为取得更好的工作业绩，就需要劳务派遣业务人员不时地更新业务知识，不断提升工作能力。

5.3 劳务派遣用工模式

5.3.1　完全派遣

完全派遣即由派遣公司负责整套员工派遣管理服务工作，包括人才招募、选拔、培训、绩效评价、报酬与福利、安全与健康等。

在完全派遣的模式下，企业只需将用人的条件向派遣服务公司提出来即可，具体的招聘、管理和培训工作将由派遣公司负责完成，而劳务派遣机构利用自己在劳动力市场中积累的资源，以及人力资源专业化管理的优势，使用工单位从烦琐的人事工作中解脱出来，在降低用工单位管理成本的同时，使用工单位专注于核心业务，提高用工单位的效率。因此，完全派遣的需求也越来越大。

（1）完全派遣的积极意义

完全派遣中派遣机构承担一条龙服务，包括人力资源招聘、选拔、培训、绩效考核等，可保证派遣人员的质量，避免了人员素质参差不齐，方便用工单位和派遣机构的管理。

（2）完全派遣服务的风险

① 完全派遣中派遣机构管理服务的工作量大，自然要面临和承担更多的风险，如：法律风险、管理风险、财务风险、经营风险等。

② 完全派遣中派遣机构要承担的成本较高，面临着收益风险。

5.3.2　转移派遣

转移派遣即由用工单位自行招聘、选拔、培训应聘人员，再由劳务派遣机构与应聘员工签订《劳动合同》，并由劳务派遣机构负责这些员工的报酬、福利、绩效评估、处理劳动纠纷等事务。

（1）转移派遣的适用情况

当用工单位面临兼并或重组产生大量人员岗位变动、调动的情况时，可以通过转移派遣将这些员工的劳动关系转移给劳务派遣机构，由劳务派遣机构与这些员工签订劳动合同，用工单位再返租这些人员作为劳务工使用，以此帮助用工单位更加方便灵活地进行员工岗位调整和调动。

（2）转移派遣的积极意义

① 转移派遣减轻了劳务派遣机构的工作量，派遣机构只需对派遣人员的劳动关系进行管理，免去了前期的招聘、面试、培训等流程。

② 转移派遣降低了劳务派遣机构招聘、培训的费用和时间成本，派遣人员全部来自用工单位，派遣机构不需要发布招聘广告，也不需要进行员工培训。

③ 转移派遣可以消除劳务派遣机构派遣人员的录用风险，避免了来自用工单位招聘需求的压力，解决了人员的到岗率、及时率等一系列问题。

（3）转移派遣服务的风险

用工单位使用转移派遣的目的如果只是为了大量裁员以此降低用工成本和风险，就会导致劳务派遣机构在协议中承担各种不规范操作导致的风险，企业随意裁员退员，还存在大量纠纷的可能。

5.3.3 短期派遣

短期派遣是指人才服务机构为用工单位临时需要一名或数名员工，而提供的一种派遣服务，是人力资源外包服务的一种形式，这些派遣员工与人才服务机构签订劳动合同。

（1）短期派遣的适用情况

一般来讲，短期派遣的形式主要有如图5-4所示的2种。

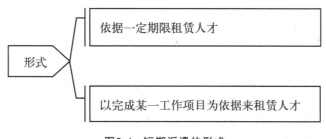

图5-4 短期派遣的形式

对于一些企业来讲，一年当中某些时段对人才的需求高于平时，例如业务部门因公司扩大宣传，需要适时补充人员来满足业务需求，此时，采取短期人才派遣的方式便可为企业在人力资源上省去一些成本。

此外，短期派遣员工可以取代那些因病假、事假、产假、休假等诸多原因而不能正常上岗的长期员工。

（2）短期派遣的积极意义

① 相比传统单一的雇佣方式，短期派遣要更加方便灵活，因而成为不少用工单位弥补间接性人员短缺的最佳方式，劳务派遣机构提供短期派遣服务可以获得较大的收益。

② 短期派遣为劳务派遣机构安置其他用工单位退回的派遣员工提供了一条良好的解决途径。

③ 短期派遣一定程度上分散了劳务派遣机构安置其他用工单位退回的派遣员工所带来的风险。

（3）短期派遣服务的风险

① 短期派遣服务虽然对用工单位、提供派遣的人才服务机构、派遣员工本身来说都有一定的好处，但同时也存在很大的风险。

② 用工单位退回的派遣员工安置，尤其是大量的派遣员工退回，不仅会增加安置成本，还存在大量纠纷的可能。

③ 大量的短期派遣员工，派遣服务质量是一个很大的考验。

第 **6** 章 ▶▶

派遣合同与派遣协议

6.1 劳务派遣合同

6.1.1 劳务派遣合同的订立

【情景导读】某物流公司因业务发展需要，需临时招聘一批装卸工人。经过公司领导协商，最终决定采用劳务派遣的用工形式。经过一番洽谈，并办理了劳务派遣所需的有关手续。很快，劳务派遣公司便为他们输送了一批人员过来。试问，这批装卸工人应该与谁签订劳动合同？

在劳务派遣这一用工形式中，涉及三方主体：劳务派遣公司、用工企业、被派遣员工。其中，劳务派遣公司与被派遣员工之间属于劳动关系，因此，劳务派遣公司需与被派遣员工签订劳动合同（劳务派遣合同）；劳务派遣公司与用工企业之间属于合同关系，双方签订劳务派遣协议；用工企业与被派遣员工之间是基于劳务派遣协议所产生的一种劳务用工关系。图6-1清晰地说明了这一点。

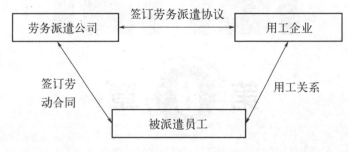

图6-1　劳务派遣三方关系图

在劳务派遣的三方关系中，各主体需明确劳务派遣中各自的角色及各自之间的法律关系，据此来签订有关的文本。切不可混淆关系，以免产生麻烦。

什么是劳务派遣合同？如何订立劳务派遣合同？下面为读者整理了如何订立劳务派遣合同的相关内容。

（1）劳务派遣合同的内容

《劳动合同法》第五十八条第一款规定："劳务派遣单位是本法所称用人单位，应当履行用人单位对劳动者的义务。劳务派遣单位与被派遣劳动者订立的劳动合同，除应当载明本法第十七条规定的事项外，还应当载明被派遣劳动者的用工单位以及派遣期限、工作岗位等情况。"也就是说，劳务派遣单位与被派遣劳动者订立的劳动合同的必备条款包括如下 12 个方面的内容，具体内容如图 6-2 所示。

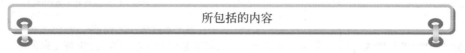

所包括的内容

1. 用人单位的名称、住所和法定代表人或者主要负责人。

2. 劳动者的姓名、住址和居民身份证或者其他有效身份证件号码。

3. 劳动合同期限。

4. 工作内容和工作地点。

5. 工作时间和休息休假。

6. 劳动报酬。

7. 社会保险。

8. 劳动保护、劳动条件和职业危害防护。

9. 法律、法规规定应当纳入劳动合同的其他事项。

10. 被派遣劳动者的用工单位。

11. 被派遣劳动者的派遣期限。

12. 被派遣劳动者在用工单位的工作岗位。

图6-2 劳务派遣合同的内容

具有法人资格的劳务型企业，应与招聘录用的劳务人员签订劳动合同，依法建立劳动关系，明确双方的权利和义务。《劳动合同法》的这一规定规范了劳务派遣协议的内容，使劳务派遣合同的订立更加规范和明确。

（2）劳务派遣合同的要点

签订的劳务派遣合同中，除内容条款需符合《劳务合同法》的规定外，有如下 4 点是需要引起注意的，具体内容如图 6-3 所示。

（3）其他内容

【情境导读】孙某与派遣公司签了 1 年的劳动合同，其中约定了 3 个月的试用期。试问，这样的做法是否符合《劳动合同法》的规定？

这一做法显然是不符合规定的。《劳动合同法》明确规定，劳务派遣单位应当与被派遣劳动者订立 2 年以上的固定期限劳动合同。在劳动合同期限上违反了规定。此外《劳动合同法》第十九条规定，劳动合同期限 3 个月以上不满 1 年

| 派遣内容 | 劳务派遣合同应当载明被派遣劳动者的用工单位以及派遣期限、工作岗位等情况。 |

| 合同期限 | 劳务派遣单位应当与被派遣劳动者订立二年以上的固定期限劳动合同。 |

| 费用问题 | 1. 劳动派遣单位应按月支付劳动报酬。
2. 被派遣劳动者在无工作期间，劳务派遣单位应当按照所在地规定的最低工资标准，向其按月支付报酬。
3. 劳务派遣单位跨地区派遣劳动者的，被派遣劳动者享有的劳动报酬和劳动条件，按照用工单位所在地的标准执行。
4. 劳务派遣单位和用工单位不得向被派遣劳动者收取费用。 |

| 社会保险问题 | 劳务派遣单位应按照法律的规定为被派遣劳动者缴纳社会保险费。 |

图6-3　劳务派遣合同需明确的要点

的，试用期不得超过 1 个月；劳动合同期限 1 年以上不满 3 年的，试用期不得超过 2 个月；3 年以上固定期限和无固定期限的劳动合同，试用期不得超过 6 个月。也就是说孙某的试用期不得超过 2 个月。

　　关于劳务派遣合同，劳务派遣公司管理人员还需明确如下 3 点内容，具体如表 6-1 所示。

表6-1　需明确劳务派遣合同的种类、期限和试用期

劳务派遣合同还需明确的内容	内容说明
劳务派遣合同的种类	劳务派遣单位和被派遣劳动者订立固定劳动合同
劳务派遣合同的期限	劳务派遣单位和被派遣劳动者订立的劳动合同期限必须在 2 年以上
劳务派遣合同的试用期	试用期是在劳动合同期限内,劳务派遣公司对员工是否合格进行考核,派遣员工对派遣公司是否符合自己要求也进行考核,这是一种双方双向选择的表现

知识链接

劳务派遣合同与劳动合同的主要区别

1. 期限方面的区别。劳务派遣合同的期限为 2 年以上固定期限。劳动合同的期限分为固定期限和无固定期限，其中固定期限的长短由用人单位和劳动者自由约定。

2. 主体方面的区别。普通劳动合同的签订者为用人单位和劳动者，而劳务派遣合同是劳动者与劳务派遣公司签订的合同。

3. 用工形式不一样。劳动合同签订双方直接用工，而劳务派遣合同双方并不直接用工，而是劳动者在用工单位上班。

4. 是否能够签订非全日制合同方面的区别。劳动合同可以签订非全日制劳动合同，而劳务派遣合同不得以非全日制用工形式招用被派遣劳动者。

5. 任用岗位不同。劳动合同对岗位的要求很广泛，劳务派遣合同一般在临时性、辅助性或者替代性的工作岗位上实施。

下面是一份劳务派遣合同的范本，仅供参考。

文本名称	劳务派遣合同	受控状态	
		编号	

甲乙双方依据相关法律规定,在平等自愿、协商一致的基础上订立本合同。

一、合同主体基本情况

甲方(劳务派遣公司)：

法定代表人(或主要负责人)：

注册地址：　　　　　　　　　　　邮政编码：

联系电话：

乙方(被派遣员工)：

身份证号码：

户籍地址：　　　　　　　　　　　邮政编码：

现居住地：　　　　　　　　　　　邮政编码：

联系电话：

二、合同期限

劳动合同期限自____年____月____日至____年____月____日止。自____年____月____日至____年____月____日为试用期。

三、工作内容、工作地点及要求

1. 甲方派遣乙方工作的用工单位名称：_____。

2. 乙方同意根据用工单位工作需要，从事_____工作，乙方的工作区域或工作地点在_____。

3. 乙方按用工单位的要求应达到以下工作标准：

_____

_____

_____。

四、工作时间和休息休假

1. 用工单位安排乙方执行_____工时制度。

2. 甲方和用工单位对乙方实行的休假制度有_____。

五、劳动报酬

1. 甲方每月____日前以货币形式支付乙方工资，月工资为____元。乙方在试用期期间的工资为____元。甲乙双方对工资的其他约定_____。

2. 甲方未能安排乙方工作或者被用工单位退回期间，按照当地最低工资标准支付乙方报酬。

六、劳动条件及工作纪律

1. 乙方在被派遣单位工作期间，按岗位（工种）享受劳动保护用品待遇。

2. 在合同期间乙方违反被派遣单位管理规章或操作规程给被派遣单位造成经济损失或损害声誉的，按被派遣单位的有关规定，由乙方负责赔偿。

3. 乙方应承担保密义务，不得以任何形式向外界提供或泄露被派遣单位的商业秘密，保障被派遣单位的合法权益，维护被派遣单位的利益和社会声誉，造成不良影响的，由乙方承担责任。

七、社会保险

1. 甲方根据法律、行政法规负责办理乙方养老保险、医疗保险、工伤保险、失业保险、生育保险、住房公积金等有关手续。

2. 甲方为乙方提供以下福利待遇：_____。

八、劳动合同变更、解除、终止

1. 甲乙双方变更、解除、终止劳动合同依照《劳动合同法》和有关法律法规规定执行。

2. 甲方在解除或者终止本合同时，为乙方出具解除或者终止劳动合同的证明，并在____天内为乙方办理社会保险关系和住房公积金关系转移手续。

3. 乙方按照双方约定,办理工作交接。甲方应当支付经济补偿的,在办结工作交接时支付。

九、违约责任

任何一方违反本合同规定,给对方造成经济损失,应视其后果和责任大小按有关规定予以赔偿。

十、劳动争议处理

1. 因履行本合同发生的劳动争议,甲乙双方应协商解决,协商、调解不成,可向当地仲裁机构申请仲裁或向人民法院提起诉讼。

2. 本合同未尽事宜或与今后国家和当地有关规定相悖的,按有关规定执行。

3. 本合同一式二份,甲乙双方各执一份。双方签字、盖章生效。

甲方(公章):　　　　　　　　　　乙方(签字或公章):

日期:　　　　　　　　　　　　　　日期:

编制日期		审核日期		批准日期	
修改标记		修改处数		修改日期	

6.1.2　劳务派遣合同的变更

劳动合同是用来明确用人单位与劳动者之间各自应该履行的义务以及应当享有的权利的一种协议。劳动合同的订立应该遵守相应的订立原则,劳动合同一经签订,双方就应当自觉遵守。

劳动合同在履行过程中,可以变更合同条款。需要变更的事宜,由双方协商解决,经双方协商一致对本合同进行修改、补充。劳务派遣合同也是如此,具体如下。

(1)变更的主体

劳务派遣合同是劳务派遣单位与劳动者签订的劳动合同,变更合同只能在劳务派遣单位与劳动者之间执行。

(2)变更的情形

劳动合同条款的变更通常可分为法定变更和协商变更两种。具体有如图6-4所示的以下几种情形。

(3)内容效力

劳动派遣合同变更后,变更后的新条款即取代原条款,原条款失去法律效

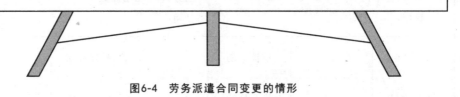

1. 试用期内。

2. 劳动合同双方当事人在平等自愿、协商一致后达成新的协议变更原有的约定。

3. 签订劳动合同时的法律、行政法规发生变化，劳动合同的相关条款应作相应变更。

4. 劳动者患病或非因工负伤，医疗期后不能从事原工作。

5. 劳动者不能胜任工作，用人单位对其工作岗位予以调整。

6. 发生不可抗力或出现致使劳动合同全部或部分条款无法履行的其他情况，如企业发生分立、合并、迁移、被兼并、企业资产转移、转产转型、技术改造后某些岗位消失等。

图6-4 劳务派遣合同变更的情形

力，但是变更合同时未予变更的旧条款依然有效。

6.1.3 劳务派遣合同的解除

劳务派遣合同的解除是指合同双方在合同到期之前提前终止劳务派遣合同的法律效力，解除双方的权利义务关系的行为。

（1）派遣员工辞职

对劳务派遣员工来说，辞职存在着两种形式，即《劳动合同法》的第三十六条、第三十八条条款规定的形式。《劳动合同法》第六十五条对此的规定是："被派遣劳动者可以依照本法第三十六条、第三十八条的规定与劳务派遣单位解除劳动合同。"如图6-5所示。

（2）劳务派遣公司解除合同

劳务派遣公司是劳动合同上的用人单位，解除劳动合同应当遵守法律上对用人单位的规定。

《劳动合同法》第六十五条规定："被派遣劳动者有本法第三十九条和第四十条第一项、第二项规定情形的，用工单位可以将劳动者退回劳务派遣单位，劳务派遣单位依照本法有关规定，可以与劳动者解除劳动合同。"

第三十六条　用人单位与劳动者协商一致，可以解除劳动合同。

第三十八条　用人单位有下列情形之一的，劳动者可以解除劳动合同：

（一）未按照劳动合同约定提供劳动保护或者劳动条件的；

（二）未及时足额支付劳动报酬的；

（三）未依法为劳动者缴纳社会保险费的；

（四）用人单位的规章制度违反法律、法规的规定，损害劳动者权益的；

（五）因本法第二十六条第一款规定的情形致使劳动合同无效的；

（六）法律、行政法规规定劳动者可以解除劳动合同的其他情形。

用人单位以暴力、威胁或者非法限制人身自由的手段强迫劳动者劳动的，或者用人单位违章指挥、强令冒险作业危及劳动者人身安全的，劳动者可以立即解除劳动合同，不需事先告知用人单位。

图6-5　《劳动合同法》法条链接

按照上述规定，被派遣劳动者有下列情形之一的，用工单位可以将被派遣劳动者退回劳务派遣单位：

① 在试用期间被证明不符合录用条件的；

② 严重违反用人单位的规章制度的；

③ 严重失职，营私舞弊，给用人单位造成重大损害的；

④ 被派遣劳动者同时与其他用人单位建立劳动关系，对完成本用工单位的工作任务造成严重影响，或者经用工单位或劳务派遣单位提出，拒不改正的；

⑤ 因被派遣劳动者以欺诈手段使劳务派遣单位在违背真实意思的情况下订立或者变更劳动合同，致使劳动合同无效的；

⑥ 被依法追究刑事责任的；

⑦ 被派遣劳动者患病或者非因工负伤，在规定的医疗期满后不能从事原工作，也不能从事由用工单位另行安排的工作的；

⑧ 被派遣劳动者不能胜任工作，经过培训或者调整工作岗位，仍不能胜任工作的。

下面是一则"解除劳务派遣合同协议"，是在办理劳务派遣合同解除事宜时会用到的表单。

文本名称	解除劳务派遣合同协议	编号	
		受控状态	

甲方：_____有限公司（以下简称甲方）

乙方：_____（以下简称乙方）

乙方于____年____月____日与甲方签订为期 2 年的劳务派遣合同,该劳动合同期限为____年____月____日至____年____月____日,现甲乙双方同意解除劳动合同关系。双方经协商一致,达成如下协议。

1. 自____年____月____日起,双方签订的劳动合同予以解除,双方的权利义务随之终止。

2. 甲方按照相关劳动法规规定以及劳动合同书约定的条款,对经济补偿金做如下决定。

(1)不予支付经济补偿金。

(2)按照合同规定,支付经济补偿金共计____月工资合计____元。

3. 甲方为乙方缴纳社会保险金至____年____月____日止。

4. 甲方根据相关劳动法规和规定,向乙方提供劳动合同解除的证明并办理相关离职手续。

5. 乙方应当于本协议签订后____日内妥善办理所有工作移交手续,离职后不得作出有损公司名誉或利益之行为,否则将承担相应的法律责任及所造成的全部损失。

6. 本协议书一式二份,甲、乙双方各执一份。

甲方(盖章)：   乙方(签字或盖章)：_____

____年____月____日   ____年____月____日

6.2 劳务派遣协议

6.2.1 劳务派遣协议的订立

【情景导读】冯总是一家食品制造企业的负责人,为了扩大产品市场份额,他前期花了不少的财力与精力在市场上做产品宣传与推广,这一招也确实起到了效用。几个月后,公司就接到了一大批订单。可面对厚厚的一摞订单,冯总是既高兴又担忧：高兴的是前期的市场推广工作没有白做；担忧的是订单所要求的生产能力已经远远超出了公司现有的生产能力,即便是生产线的员工都加班加点,也不可能按时完成订单的任务。面对这一难题,公司人力资源部经理提议采用劳务派遣的方式来解决公司临时性人员短缺的问题。这一做法一经提出,便获得了公司管理层的认可。但是公司的有些人员对劳务派遣协议该如何签订、协议包括哪些内容等事项却不太清楚。

（1）劳务派遣协议订立的主体

《劳动合同法》第五十九条第一款规定："劳务派遣单位派遣劳动者应当与接受以劳务派遣形式用工的单位（以下称用工单位）订立劳务派遣协议。劳务派遣协议应当约定派遣岗位和人员数量、派遣期限、劳动报酬和社会保险费的数额与支付方式以及违反协议的责任。"这一规定明确了劳务派遣协议订立的主体和内容。

（2）劳务派遣协议的内容

劳务派遣单位派遣劳动者应当与接受以劳务派遣形式用工的单位（以下称用工单位）订立劳务派遣协议。劳务派遣协议应当约定派遣岗位和人员数量、派遣期限、劳动报酬和社会保险费的数额与支付方式以及违反协议的责任。根据《劳务派遣暂行规定》，劳务派遣协议应当载明如图 6-6 所列的内容。

劳务派遣协议所包括的内容显示图

1. 派遣的工作岗位名称和岗位性质。

2. 工作地点。

3. 派遣人员数量和派遣期限。

4. 按照同工同酬原则确定的劳动报酬数额和支付方式。

5. 社会保险费的数额和支付方式。

6. 工作时间和休息休假事项。

7. 被派遣劳动者工伤、生育或者患病期间的相关待遇。

8. 劳动安全卫生以及培训事项。

9. 经济补偿等费用。

10. 劳务派遣协议期限。

11. 劳务派遣服务费的支付方式和标准。

12. 违反劳务派遣协议的责任。

图6-6 劳务派遣协议的内容

（3）需注意的问题

【情景导读】 为了提升企业整体形象，某公司领导打算雇用一个小时工来专门负责企业内务的整理，包括打扫卫生、浇花等，考虑到这一工作的特性，即每天只需工作2小时，且工作内容比较简单，所以该公司领导想让当地一家劳务派遣公司给他们派遣一名小时工，公司按每天2小时的工作量为其支付工资。但该劳务公司回复说，他们做不了小时工的劳务派遣业务。试问，该劳务派遣公司的说法正确吗？

该例中的小时工，可以理解为非全日制用工。劳务派遣是一种特殊的用工形式，其用工形式有着自身的特点。《劳动合同法实施条例》第三十条规定，劳务派遣单位不得以非全日制用工形式招用被派遣劳动者。因此，上例中的劳务派遣公司的说法是正确的。

劳务派遣公司在与用工单位签订劳务派遣协议时，需在协议中明确相关内容，以防止责任约定不清招致的风险。具体而言，在签订劳务派遣协议时，需注意以下问题。

① 明确派遣岗位和人员数量。对于被派遣员工的基本信息应予以明确；同时，对于工作岗位的基本情况，在协议中也应具体说明。

② 明确劳务派遣期限。《劳动合同法》第五十九条第二款规定："用工单位应当根据工作岗位的实际需要与劳务派遣单位确定派遣期限，不得连续用工期限分割订立数个短期劳务派遣协议。"

③ 明确劳动报酬和社会保险费的数额与支付方式。劳务派遣作为一种三方关系，企业作为用工单位与劳务派遣单位，应在协议中明确被派遣员工劳动报酬和社会保险费的数额与支付方式，防止发生纠纷时责任不明的情况出现。

④ 明确违反协议的责任。《劳动合同法》第九十二条规定："劳务派遣单位违反本法规定的……，给被派遣劳动者造成损害的，劳务派遣单位与用工单位承担连带赔偿责任。"由于劳务派遣协议的双方当事人为用工单位与劳务派遣单位，若被派遣员工的权益在被派遣岗位上受损，则用工单位与劳务派遣单位必须承担连带责任。

下面是一份劳务派遣协议的范本，供参考。

文书名称	劳务派遣协议书	编号	
		受控状态	
甲方（用工单位）： 乙方（劳务派遣单位）： 地址： 地址： 甲、乙双方本着平等自愿、协商一致、公正公平、诚实信用的原则，根据《劳动合同法》及《劳务派遣暂行规定》等有关法律法规规定，签订本协议，并承诺共同遵守。			

一、协议期限

本协议自____年____月____日起至____年____月____日止。

二、派遣岗位、人数和期限

1. 甲方需要接受劳务派遣人员的岗位和人员数量如下。

岗位：_____，人数：_____人，工作内容为_____，工作地点为____，派遣期限自____年____月____日起至_____年_____月_____日止。

2. 乙方按照甲方用工需求，负责推荐符合条件的劳务派遣人员供甲方择优使用。乙方承担对劳务派遣人员的用人单位义务，甲方承担对接受的劳务派遣人员的用工单位连带责任义务。

3. 甲方承诺，以上岗位工种符合国家关于劳务派遣一般在临时性、辅助性或者替代性的工作岗位上实施的要求，并保证没有将延续用工期限分割订立数个短期劳务派遣协议的情形。

三、工作时间和休息休假

1. 工作时间：派遣员工在甲方实行（□标准　□综合计算　□不定时）工时工作制。其中，标准工时工作制度为每天工作_____小时，每周休息日为_____；实行综合计算工时工作制或不定时工时工作制的，由甲方负责向乙方提供报经劳动行政部门批准的行政许可决定，并告知劳务派遣人员。

2. 休息、休假：按国家和甲方的_____规定执行。

3. 甲方负责保障派遣员工享有法定休息休假权利。甲方因工作需要安排派遣员工延长工作时间或在节假日加班的，应当征得其同意，并依法安排调休或支付加班加点工资。

四、劳动报酬

1. 派遣员工享有与甲方相同或相近岗位劳动者同工同酬和福利待遇的权利。乙方不得克扣甲方支付给派遣员工的劳动报酬。

2. 乙方与甲方商定的派遣员工工资发放日为每月____日，工资发放形式为（□由乙方发放　□由甲方直接发放　□由乙方或甲方委托银行发放）。

3. 乙方与甲方协商确定，派遣员工的工资标准采用下列第（　）种方式：

（1）实行月薪制，每月为_____元，具体办法按照甲方规定执行。

（2）实行基本工资和绩效奖金相结合的工资分配办法，基本工资为每月____元；绩效奖金考核发放办法根据甲方规定执行。

（3）实行计件工资制，计件工资的劳动定额管理按照甲方的规定执行，定额单价为_____。

五、社会保险

派遣员工的社会保险由乙方负责，乙方应当给派遣员工按时足额缴纳各项社会保险费，其中派遣员工应缴纳的社会保险费由乙方代扣代缴。

六、劳动保护、劳动条件和职业危害防护

1. 甲方保证执行国家劳动标准，提供相应的劳动条件和劳动保护。甲乙双方共同负责教育派遣员工遵守国家和甲方规定的劳动安全规程。

2. 甲方安排派遣员工的工作若属于国家规定的有毒、有害、特别繁重或者其他特种作业的，甲方负责定期安排派遣员工进行健康检查。

3. 派遣员工因工作遭受事故伤害或患职业病，甲乙双方均有负责及时救治、保障其依法享受各项工伤保险及相关待遇的连带义务。乙方应按规定为员工申请工伤认定和劳动能力鉴定。

4. 员工患病或非因工负伤，甲乙双方共同承担保证其享受国家规定的医疗期和相应的医疗待遇的连带义务。

七、派遣员工退回

1. 有下列情况之一的，派遣期间，甲方不得退回被派遣员工。派遣期满的，应当续延至相应的情形消失时终止。

(1)从事接触职业病危害作业的派遣员工未进行离岗前职业健康检查，或者疑似职业病病人在诊断或者医学观察期间的。

(2)派遣员工在本单位患职业病或者因工负伤并被确认丧失或者部分丧失劳动能力的。

(3)派遣员工患病或者非因工负伤，在规定的医疗期内的。

(4)女派遣员工在孕期、产期、哺乳期的。

(5)法律、行政法规规定的其他情形。

2. 有下列情况之一的，甲方可以退回被派遣员工或要求乙方更换被派遣员工，且不用支付赔偿金。

(1)派遣员工在试用期间被证明不符合录用条件的。

(2)派遣员工严重违反甲方的规章制度的。

(3)派遣员工严重失职，营私舞弊，给甲方造成重大损害的。

(4)派遣员工被依法追究刑事责任的。

(5)派遣员工派遣期满。

3. 有下列情况之一的，甲方可以退回派遣员工，但是应当提前 30 日通知乙方和派遣员工本人，符合法律法规关于辞退员工需支付经济补偿的情形，甲方应按照相关法律法规的标准支付相应的经济补偿金。

(1)甲方濒临破产进行法定整顿期间或者生产经营状况发生变化，确需裁减人员的。

(2)派遣员工患病或者非因工负伤，在规定的医疗期满后不能从事原工作，也不能从事由甲方另行安排的工作的。

(3)派遣员工不能胜任工作，经过培训或者调整工作岗位，仍不能胜任工作的。

八、劳务派遣服务相关费用

甲方应承担的相关费用主要有以下几项：

1. 支付乙方的劳务派遣服务费，标准为每人每月____元。甲方支付给乙方的劳务派遣服务费，乙方必须开具正式发票。

2. 派遣员工的劳动报酬和福利待遇。

3. 甲方应承担的派遣员工工伤事故费用。

4. 由于甲方原因导致派遣员工被裁减或辞退而发生的经济补偿金。

九、协议解除与终止

任何一方若提前解除或终止协议，应提前1个月以书面形式通知对方，经双方同意后方可执行，并协助对方处理相关善后事宜。

十、争议处理

1. 甲、乙双方对本协议若有争议，应本着友好协商和妥善处理的原则加以解决，如协商不成，则由本协议履行地的人民法院裁决。

2. 甲方与派遣员工发生劳务争议，应先由甲方与派遣员工协商；如果双方协商不成，由甲方、乙方和派遣员工三方协商；如果三方协商不成，乙方负责处理与劳动、司法等部门的相关事宜。

十一、违约责任

1. 甲方无故拖欠乙方费用的，每日应按拖欠部分____%的标准向乙方支付违约金。若甲方拖欠数额达一个月以上，乙方有权解除本协议，并依法追回欠缴金额及违约金。

2. 因甲方拖欠费用导致派遣员工薪酬未能结算时所产生的相关责任由甲方承担。

3. 乙方因违约需承担违约金和经济赔偿的，甲方提供证明材料，经乙方核实同意后，甲方可在当期结算的费用中直接扣减。

十二、其他

1. 本协议一式两份，甲乙双方各执一份，自双方签字盖章之日起生效。

2. 本协议未尽事宜，法律法规有规定的，按法律法规规定执行；法律法规没有规定的，由双方协商解决；若双方协商不成或者发生争议，应当依法处理。

甲方（盖章）：　　　　　　　　　乙方（盖章）：

法定代表人签字：　　　　　　　　法定代表人签字：

（或委托代理人签名）：　　　　　（或委托代理人签名）：

签订日期：___年___月___日　　　签订日期：___年___月___日

编制人员		审核人员		审批人员	
编制时间		审核时间		审批时间	

6.2.2 劳务派遣协议的变更

（1）协议变更的主体

根据劳务派遣协议的主体，内容变更需要劳务派遣单位和用工单位双方协商决定，并需及时将变更内容告知被派遣劳动者。劳务派遣协议内容的变更涉及劳务派遣单位、用工单位和被派遣劳动者。下面是某劳务派遣单位的劳务派遣协议变更内容。

---

1. 被派遣人员的变更

员工按约定在乙方工作期限届满，乙方需要留用的，应当与甲方及员工协商续延工作期限；乙方不留用的，员工由甲方安排。

2. 国家规定的变更

本协议在履行中，如国家和当地政府新颁布了有关法律、法规和规定，应以新颁布的规定为准。法律环境变化造成按本协议约定继续履行有失公平时，须按照公平原则就协议条款进行协商达成变更、补充协议，任何一方不得拒绝变更协议条款。

3. 其他形式的变更

本协议履行过程中，若甲乙双方或一方变更名称、法定代表人或者主要负责人、投资人等事项，不影响本协议履行；若甲乙双方或一方发生合并或分立等情况，本协议继续有效，由承继单位继续履行。涉及劳动者切身利益的条款内容变更时，双方应当协商一致，以书面方式变更本协议。

（2）协议变更注意事项

在进行劳务协议变更时，其中有什么需要注意的地方呢？

① 变更协议必须劳务派遣单位与用工单位协商一致，任何一方不能单方面变更协议，否则就构成违约。

② 协议变更的内容必须明确，否则将视作无效，仍按原协议进行。协议当事人达成变更协议的协议后，按变更后的内容履行。

③ 协议的变更必须合法，不得违反法律、法规的规定。

6.2.3 劳务派遣协议的解除

【情景导读】沿海地区某制造企业的员工，大部分采用的都是劳务派遣用工的形式。近段时间受外部市场环境的影响，该企业的生产线几乎处于停工状态。鉴于目前的情况，该企业想与劳务派遣公司解除劳务派遣协议，终止劳务派遣关系。请问该如何操作？

劳务派遣协议是劳务派遣公司与用工企业之间签订的，用于明确双方之间权利和义务的契约，其中也会涉及被派遣员工部分权利义务的内容。

一般而言，劳务派遣协议一经生效，协议双方均应履行协议的条款，不得无故解除或终止。对于劳务派遣协议的解除或终止，实践中更多的是来自劳务派遣公司与用工企业协商的结果。其示例如下。

（N）符合下列条件之一的，本协议即告终止。

1. 本协议所约定的工作任务已经完成。

2. 订立协议时所依据的客观情况发生重大变化，致使本协议无法履行。

3. ……

对于【情景导读】中的那家企业，能否解除劳务派遣协议，需要看签订的协议中是否有关于解除、终止条件的约定。如果目前的情况符合协议中约定的情形，则可解除或终止协议；如不符合解除、终止的条件，则可通过与劳务派遣公司协商解决的方式进行。

下面是2则《解除劳务派遣协议书》，是在办理劳务派遣协议解除事宜时会用到的表单。

文本名称	解除劳务派遣协议书（一）	编号	
		受控状态	

甲方：（用人单位）＿＿＿＿＿＿＿（以下简称甲方）

乙方：（劳务派遣公司）＿＿＿＿＿＿＿（以下简称乙方）

甲乙双方于＿＿＿年＿＿＿月＿＿＿日签订为期＿＿＿年的劳动派遣协议，现甲乙双方同意解除劳务派遣关系。经双方协商一致，达成如下协议。

1. 自＿＿＿年＿＿＿月＿＿＿日起，双方终止《劳务派遣服务协议》，双方的权利义务随之终止。

2. 本协议的解除或终止，应当在妥善处理好员工合法权益的基础上进行。双方或一方违反法律规定解除或终止本协议，给员工造成损失的，应当按《劳动合同法》有关规定处理。

3. 本协议需要终止或解除，而甲方所使用的派遣员工的工作期限尚未到期的，则协议到期即终止，甲方配合乙方与派遣员工协商解除劳动合同，如产生相关费用的，则由＿＿＿方承担；同时甲方应向乙方提交员工的所有离职资料，乙方收到上述手续后办理离职手续。

4. 协议期内任何一方有违法或违反本协议约定的行为，损害另一方或派遣员工利益的，遭受损害方有权单方面解除本协议，解除通知自到达对方时生效。同时受损方有权要求另一方承担违约责任，赔偿受损方全部损失。

5. 本协议一式二份，双方各执一份。

甲方（盖章）：　　　　　　　　　　　　乙方（盖章）：

　年　月　日　　　　　　　　　　　　　　年　月　日

文本名称	解除劳务派遣协议书（二）	编号	
		受控状态	

甲方：（用人单位）_____（以下简称甲方）

乙方：（劳务派遣公司）_____（以下简称乙方）

经双方平等协商，就终止____年____月____日签订的《劳务派遣服务协议》达成如下协议。

1. 甲方对劳务派遣工_____终止用工不再续签用工合同，对于甲方不再续用的劳务派遣人员由乙方整体接收，另行安排工作。

2. 甲方应在____年____月____日前结清与乙方的费用，并于____年____月____日起终止支付一切费用。

……

甲方（盖章）：　　　　　　　　　　　　　　　　　乙方（盖章）：

　年　月　日　　　　　　　　　　　　　　　　　　年　月　日

第 **7** 章 ▶▶

派遣员工驻厂管理

7.1 派遣入职管理

7.1.1 入职风险防范

劳务派遣公司有权了解与劳动合同直接有关的基本情况。在办理入职手续前，劳务派遣公司应对员工的基本信息进行核实，其核实的内容包括员工年龄、学历、工作经历、潜在疾病、是否与其他用人单位存在未到期的合同、竞业限制等方面。

（1）学历、工作经历等信息是否属实

一般而言，劳务派遣公司在招聘员工时，学历、工作经历、工作技能等信息是最基本的要求。虽然以欺诈、胁迫的手段或者乘人之危，使对方在违背真实意思的情况下订立或者变更的劳动合同属于无效合同，劳务派遣公司事后可与其解除劳动合同，但毕竟会付出一些额外的精力或产生其他方面的损耗。因此，劳务派遣公司在为员工办理入职手续时，需对员工必要的信息进行审核。

（2）是否存在潜在疾病或职业病

依据有关规定，劳动者只要与用人单位建立劳动关系，劳动者至少会有 3 个月的医疗期。在医疗期内，用人单位一般无法与劳动者解除劳动合同。即便医疗期满，与劳动者解除劳动合同，还需依照程序进行。

《劳动合同法》第四十条规定："劳动者患病或者非因工负伤，在规定的医疗期满后不能从事原工作，也不能从事由用人单位另行安排的工作的，用人单位提前 30 日以书面形式通知劳动者本人或者额外支付劳动者 1 个月工资后，可以解除劳动合同。"

《中华人民共和国职业病防治法》（以下简称《职业病防治法》）规定："员工在工作中发现患有职业病，如果最后的用人单位有证据证明员工职业病是先前用人单位的职业危害造成的，由先前的用人单位承担责任，否则，由现在的用人单位承担责任。"

由此可见，员工入职前审查其是否存在潜在疾病或职业病很重要。

（3）是否与其他用人单位存在未到期的合同

《劳动合同法》第九十一条规定："用人单位招用与其他用人单位尚未解除或者终止劳动合同的劳动者，给其他用人单位造成损失的，应当承担连带赔偿责任。"因此，劳务派遣公司在招聘员工时，有必要查验其与先前单位解除或终止劳动合同的证明，以及能够证明该劳动者与任何单位都不存在劳动关系的证据，方可与其签订劳动合同。

（4）是否与其他单位存在竞业限制

对于一些知识型、技术型或从事某一管理岗位工作及掌握企业一定商业秘密的员工，单位一般在劳动合同中约定竞业限制条款，有的是签订专门的竞业限制协议。因此，劳务派遣公司在招聘员工时，应当对其是否与其他单位签订有竞业限制协议进行审核，确认拟招用的员工不存在上述义务时，方可与其签订劳动合同。

另外，在办理入职手续时，劳务派遣公司应重点注意以下事项，如图 7-1 所示。

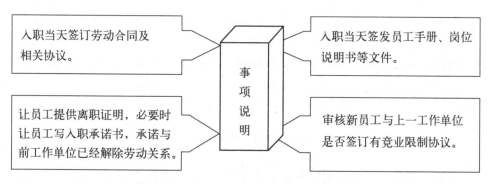

图7-1　办理入职手续时的注意事项

7.1.2　派遣对象的选择

劳务派遣用工是补充形式，只能在临时性、辅助性或者替代性的工作岗位上实施。关于劳务派遣的范围，《劳动合同法》第六十六条、《劳务派遣暂行规定》第三条都对其作出了明确的规定，具体劳务派遣用工范围如图 7-2 所示。

7.1.3　派遣试用

试用期属于劳动合同期限的一部分，因此，试用期是隶属于劳动关系的。而在劳务派遣用工中，存在劳动关系的双方是劳务派遣公司与被派遣员工。因此，对于被派遣员工试用期的设置，只能由劳务派遣公司通过劳务派遣合同的方式来进行设定。

劳务派遣用工这一形式的特殊性在于被派遣员工实际上是为用工企业提供劳

◎指存续时间不超过6个月的岗位，如生产型企业在销售旺季需临时增加的生产、销售人员。

◎指为主营业务岗位提供服务的非主营业务岗位，此时如用工单位决定使用被派遣劳动者，应当经职工代表大会或者全体职工讨论，提出方案和意见，与工会或者职工代表平等协商确定，并在用工单位内公示。

◎指用工单位的劳动者因脱产学习、休假等原因无法工作的一定期间内，可以由其他劳动者替代工作的岗位，如女职工休产假时可进行派遣用工。

图7-2　劳务派遣用工范围

务，其是否胜任工作是由用工企业来考评的。在这种情况下，用工企业可以与劳务派遣公司约定试工期。在试工期内，由用工企业对员工是否胜任岗位进行评定，进而决定是否继续使用该被派遣员工。同时，用工企业将考核结果反馈至劳务派遣公司，以此作为试用期考核的评定依据。

7.2 派遣员工培训管理

7.2.1　员工岗前培训

根据劳务派遣员工的特点，他们的岗前培训主要包括劳务派遣公司实施的岗前培训和用工单位实施的岗前培训。

（1）劳务派遣公司实施的岗前培训

劳务派遣公司实施的岗前培训的内容包括让员工了解三方关系、劳务派遣的优势、公司的管理制度、工作职责与要求、用工单位管理制度等。

下面是某劳务派遣公司新员工培训计划范例，供读者参考。

计划名称	××公司新员工培训计划	编　号	
		受控状态	

一、目的

1. 为新员工提供公司及工作岗位信息,鼓励新员工的士气。

2. 帮助新员工了解公司所能提供给的相关工作情况以及让新员工明白公司对自己的期望。

3. 减少新员工初进公司时的紧张情绪,使其更快地适应公司。

4. 让新员工明白自己工作的职责,加强同事之间的联系和沟通。

5. 培训新员工解决问题的能力及提供寻求帮助的方法。

二、培训准备工作

1. 人力资源部确立新员工报到须知。

2. 准备新员工培训教材、笔记本等。

3. 指定培训负责人。

三、培训要求

1. 培训讲师必须在开展培训的前五天将课件准备完毕,对于培训所需要的器材、道具可以以邮件的形式提交人力资源部,要求给予协助。

2. 培训课程统一由人力资源部组织、汇总、备案。

3. 在培训结束之前,将对培训讲师进行满意度调查。

4. 培训课时每节以 2 小时为宜,课间要为培训讲师和员工准备茶歇(咖啡、饼干或者水果)。

四、培训时间

__月__日～__月__日,为期 3 天。

五、培训地点

××酒店多功能厅。

六、培训原则

公司对新员工的培训遵循系统性原则、制度化原则、主动性原则、多样化原则、学以致用原则和效益性原则。

1. 系统性,即新员工培训是一个全员性的、全方位的、贯穿员工职业生涯始终的系统工程。

2. 制度化,即建立和完善培训管理制度,保证培训工作的真正落实。

3. 多样化,指开展新员工培训工作要充分考虑受训对象的层次、类型,考虑培训内容和形式的多样性。

4. 效益性原则,指员工培训是人、财、物投入的过程,是价值增值的过程,培训应该有产出和回报,即有助于提升公司的整体绩效。

七、培训内容

新员工培训内容及实施计划如下表所示。

新员工岗前培训实施计划表

序号	主要内容	课时	备注
1	劳务派遣公司简介	____课时	
2	劳务派遣三方关系	____课时	
3	本公司的优势	____课时	
4	本公司的管理制度	____课时	
5	用工单位的管理制度	____课时	

八、培训考核方法

笔试考核占 60％,其他考查占 40％。

九、培训预算

1. 教材费_____元。

2. 讲师课时费_____元。

3. 培训场地租金_____元。

4. 其他费用_____元。

合计:_____万元。

编制人员		审核人员		审批人员	
编制时间		审核时间		审批时间	

(2)用工单位实施的岗前培训

一般来说,用工单位对派遣员工培训的内容主要包括企业整体培训、部门岗位培训和岗位实地训练三个方面,具体内容如表 7-1 所示。

7.2.2 专职技术培训

专职技术培训的目的是增强派遣人员与用人单位的契合度,提高派遣人员的技能水平,使其能更好地为用人单位服务。并且《劳动合同法》第六十二条也对其有明确的规定:"用工单位应当履行下列义务……对在岗被派遣劳动者进行工作岗位所必需的培训……"

表7-1 岗前培训内容

培训项目	培训的内容
企业整体培训	◆企业发展历史与发展愿景、企业组织机构及主要业务 ◆企业人事管理制度,包括请假、休假、报销等 ◆企业的总务制度,如工作牌与考勤卡的使用、车辆停放规定等 ◆日常行为规范及礼仪知识,如企业的工作纪律 ◆安全教育,如企业的安全管理制度及相关程序
部门岗位培训	◆部门组织架构、功能和部门特殊规定 ◆部门工作职责 ◆部门绩效目标及考核办法
岗位实地训练	◆知识培训,本岗位的理论知识 ◆技能知识,本岗位的工作技能

结合劳务派遣人员的工作特点,下面以生产人员和技术人员为例,设计的培训内容如表 7-2、表 7-3 所示。

表7-2 某企业生产人员培训实施计划表

时间			地点	事项	主讲人
第一天	上午	8:30～9:30	二楼会议室	生产总监致辞 企业文化讲解	生产总监 人力资源部经理
	下午	1:30～4:30	二楼会议室	行业标准与要求讲解 质量管理讲解	技术部经理
第二天	上午	8:30～9:50	第一车间	现场管理讲解 操作标准与技巧讲解	车间主任
	下午	1:30～3:50	第一车间	设备管理方法讲解 生产中常见问题解决办法讲解	技术部副经理 技术总监
第三天	上午	8:30～9:50	第一车间	安全生产讲解 时间管理讲解	技术部经理 培训主管
	下午	1:30～3:50	二楼会议室	团队协作讲解 人事经理致结束词	培训主管 人力资源部经理

表7-3　某企业技术人员培训实施计划表

事项 ＼ 时间		第一天	第二天	第三天
1. 培训进度安排	上午	9:00 集合（全体技术人员）	8:30 昨日感想汇报	8:30 昨日感想汇报
		9:30 技术总监致辞	9:00 安全生产与管理规范、生产车间消防安全	9:00 生产操作流程与规范（录像教学）
	下午	13:30 技术人员职业道德修养	13:30 生产管理系统、企业生产流水线组织	13:30 个人计划制订与目标管理
		15:30 各抒己见，发表看法		15:30 时间管理
	晚上	当天培训小结或感想	参观生产车间或项目组，实地学习和总结	当天培训总结人力资源经理致辞,结束培训
2. 拟定紧急情况应对方案（略）				

在培训方式的选择上，"师带徒"这一方式被不少用工企业对被派遣员工进行专职技术培训时所选用。

"师带徒"培训计划多应用于生产部门，根据其技能的特殊性，由其所在班组经验丰富的老员工对新员工进行理论和技术上的指导。有助于缩短了生产技能型员工初上岗时的磨合时间，从而大幅度地提高新员工的工作能力。某生产部门"师带徒"的培训计划如下。

计划名称	××生产部门"师带徒"培训计划	编　号	
		受控状态	

一、目的

为了推进人员结构的整体优化,不断提高公司新员工的整体素质,增加新员工的专业技能和胆识,使新员工以最短的时间立岗成才。××生产部门将指定若干名老员工,由其加强对新员工技术、技能的指导与带教,不断提升新员工的专业岗位技能水平,实现一帮一、一对一的喜人工作氛围。

二、师傅选拔标准与原则

师傅选拔的相关要求如下。

1. 师傅要具备团结同志、作风正派的品质。

2. 师傅要具备扎实的理论知识和丰富的实践经验,有专业技能特长。

3. 师傅一般要具有高级工及以上的职业资格。

4. 师徒双方通过双向选择,经"师带徒"管理小组通过结成师徒对子,专门举行拜师会,双方签订师带徒培训协议书,明确传、帮、带的时间和目标,期满后进行考核评定。

5. 师傅要进行专业技能传授、职业道德、生产安全、劳动纪律等培训。

三、"师带徒"的培训考核

1. 为了确保"师带徒"培训的质量,徒弟要每天填写学习记录表、每月进行学习小结。师傅要在每日的学习记录表下方进行批注。

2. 要详细记录"师带徒"活动开展的次数和质量,徒弟的学习记录和师傅的指导意见等。

3. 监督"师带徒培训协议书"规定的师徒其他职责的履行情况。

4. 师傅和徒弟要在培训协议结束一周内上交培训总结给本部门和人力资源部。

5. 学徒期满,对"师带徒"学习效果进行考核认定,成绩合格,将对师傅、徒弟给予嘉奖。

四、"师带徒"培训时间

自"师带徒培训协议书"签订之日起,至徒弟试用转正考核通过时为止。一般不超过1年。

五、"师带徒"培训内容

"师带徒"的培训内容主要集中于以下6个方面的主题培训:了解主要工序作业指导书,了解工艺细则,学习验标规范,学习一般图样,看懂工艺图样资料,主要工程量的计算及复核。

此外,师傅根据徒弟的成长情况、擅长特点,可以提出相应的轮岗培训建议,即将徒弟调整到其他岗位进行轮岗锻炼,主要学习工序的施工过程、工序衔接、调度管理等。

六、出师条件

1. 特殊工种岗位的徒弟,要具有一定的独立解决问题的能力,能独立从事本专业指定项目工作,如有技能等级培训和鉴定的,必须通过相应等级技能鉴定。

2. 操作岗位的徒弟要掌握岗位操作规范和技术要求,掌握应知、应会的内容,能熟练操作该岗位指定应用的生产设备。

3. 技术、管理岗位的徒弟要掌握岗位的各项技术、管理技能要求,能独立从事本专业指定项目工作。

4. 所有徒弟的理论成绩和实践考试成绩都必须分别在80分以上。安全方面的培训皆采用"一票否决"制。

续表

七、"师带徒"的奖惩制度					
1."师带徒"期间，每月补贴师傅＿＿元，随工资按月发放。					

2.学徒成绩在同类型学徒考核中名列前三名的，给予师傅和学徒各奖励＿＿元。

3.每年评选一次"师带徒"培训工作中的优秀师傅，给予表彰和奖励，"师带徒"培训考核中第一名的师傅，将被授予"首席技师"，颁发荣誉证书，增加带徒费用，享受更高的待遇。

编制人员		审核人员		审批人员	
编制时间		审核时间		审批时间	

7.2.3 特殊工种培训

特种作业人员是指必须经过国家规定的统一安全技术培训、考核后，取得特种作业操作证后方能上岗，并按法规要求按期进行复审的一类人员。

特种作业人员的培训主要集中于安全方面的培训，其计划的制订须在遵循国家关于企业生产安全管理相关法律法规的前提下，围绕安全管理工作来进行。其范例如下。

计划名称	××公司特种作业人员培训计划	编　　号	
		受控状态	

一、背景说明

特种作业人员是本公司生产的重要生力军，搞好特种作业人员安全技术培训，提高特种作业人员安全素质和技能，不仅是本公司安全生产的一项重要的基础工作，也是建立本公司安全生产长效机制和保证本公司安全生产的有效途径，为此根据实际情况制订本计划。

二、培训目标

通过培训，达到特种作业人员数量满足安全生产要求，安全素质和操作技能达到一定水平，保证持证上岗，拒绝无证上岗和盲目操作现象。

三、培训原则

特种作业人员培训、考核、发证工作由相关主管部门实行统一规划、归口管理。执业证书每年由人力资源部派专人去相关主管单位进行年检。

四、培训对象

特种作业人员培训工作涉及的范围包括瓦斯检测工、通风监测工等。

五、培训时间

每年计划两次特种作业人员培训，每半年由煤矿组织培训，时间定为每年开工的第一个星期和半年后的第一个星期，每次5天。

六、培训内容

1. 国家有关安全生产的法律、法规、政策及有关煤矿安全生产的规章、规程、规范和标准。

2. 安全生产管理知识、安全生产技术、劳动卫生知识和安全文化知识、有关煤矿安全生产管理的专业知识。

3. 特种作业人员的资格培训。

4. 从业人员的安全生产应知应会培训。

5. 国内外先进的安全生产管理经验。

6. 典型事故的安全分析。

七、培训安排和考核办法

1. 公司所属各级单位的特种作业人员进行穿插培训，培训完毕后进行各工种培训情况摸底考试，对考试不及格者进行复训和补考，参加复训者必须缴纳复训费用，复训不及格者停岗使用。

2. 除当班特种人员外，其余所有特种作业人员必须按时参加，轮换进行，否则将按违章论处。

3. 培训结束后，对培训资料、考试成绩整理归档备查。

4. 根据安全生产监督管理局的培训计划，公司须准时组织特种作业人员参加培训。

八、培训教育的组织管理和实施

1. 首次参加培训的特种作业人员要事先和人力资源部沟通，由人力资源部代其报名交学费，再根据培训机构确定的培训时间参加培训。

2. 参加复训的特种作业人员应根据证件的有效期提前3个月向人力资源部汇报，由人力资源部派人去培训机构报名并确定复训时间。

3. 通过培训，增强员工的安全意识和依法遵章作业的自觉性，提高安全技术水平、工作能力和安全生产管理水平，保障员工的生命和健康，促进企业的安全生产。

编制人员		审核人员		审批人员	
编制时间		审核时间		审批时间	

7.3 派遣员工考核管理

7.3.1 绩效信息收集

绩效信息，主要包括员工在绩效考核过程中出现的，能够证明其绩效成绩的具体事实或数据。

图 7-3 是绩效信息问题设计导图。

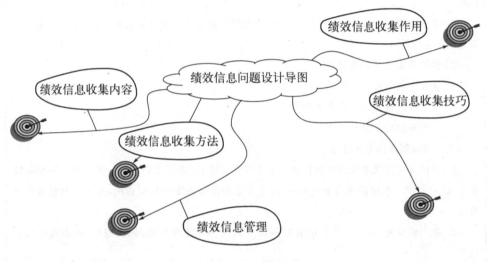

图7-3　绩效信息问题设计导图

（1）关键问题分析

绩效信息的收集、分析与管理对于企业的绩效管理而言，绩效信息从一定程度上来讲起着主导向的作用，其具体操作也是绩效管理过程的一个重点。所以，企业在收集绩效信息时，应对以下几项关键问题进行分析，具体如图 7-4 所示。

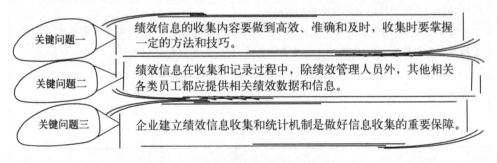

图7-4　绩效信息收集关键问题分析

（2）问题解决工具

绩效信息收集与管理涉及的事项，主要包括绩效信息收集方法、绩效信息收集作用、绩效信息收集内容、绩效信息收集技巧以及绩效信息管理等。表7-4是绩效信息收集与管理说明工具表。

表7-4　绩效信息收集与管理说明工具表

主要项目	内容分类	具体说明
绩效信息收集方法	生产记录法	对于生产、加工、形式、运输、服务等的数量、质量成本等，按照一定的规定和标准进行原始记录和统计
	定期抽查法	定期抽查生产、加工、服务的数量、质量，用来评定考核期内工作情况
	项目评定法	采用问卷调查形式并指定专人对员工逐项考评
	关键事件记录法	对员工特别突出或异常情况进行详细记录，做到及时反馈和纠偏
	减分法	在职位规定基础上，制定违反规定扣分方法，并定期登记
绩效信息收集作用	绩效考核事实依据	判定员工、组织绩效好坏或员工晋升、奖惩等人事决策的依据
	绩效改进事实依据	对员工绩效不足方面及时记录，制定针对性的改善对策
	争议仲裁事实依据	当员工与绩效考评方发生争议时，即可利用绩效信息记录作为仲裁依据。这样可以维护企业和员工的正当权益
绩效信息收集内容		①工作目标和任务完成情况的信息 ②员工以后工作或其他行为受到表扬和批评的信息 ③证明员工工作绩效突出和低下的具体证据 ④对找出问题或成绩原因有所帮助的数据和信息 ⑤与员工就绩效问题进行谈话的记录及员工签字
绩效信息收集技巧		①定期收集绩效信息，要求各职能部门或员工按时提交绩效信息 ②应该制定出比较正式的、固定的工具表以供相关人员登记
绩效信息管理		做好绩效信息收集与管理工作，一定要建立起绩效信息收集和统计的管理机制，将各项绩效信息交由人力资源部管理

7.3.2 绩效考核评价

在绩效考核评价环节，企业至少需做好如下几个方面的工作。

（1）绩效目标值设定

为了使企业设计出比较科学、合理、可行的绩效管理目标，目前使用较多的解决办法有历史数据法、杠杆比较法、竞争承诺法、上级职位目标分解法四种，每种方法的具体内涵及操作说明如图 7-5 所示。

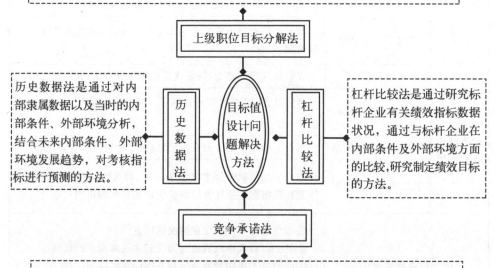

上级职位目标分解法是指根据考核期直接上级的目标值，进行分解而得到的目标值的方法，该方法得到的目标值一般与企业整体经营目标联系紧密，但该方法通常适用于企业内部，分(子)公司的部门或岗位的目标值制定，对于企业的总体目标值制定不太适用。

上级职位目标分解法

历史数据法是通过对内部隶属数据以及当时的内部条件、外部环境分析，结合未来内部条件、外部环境发展趋势，对考核指标进行预测的方法。

历史数据法 — 目标值设计问题解决方法 — 杠杆比较法

杠杆比较法是通过研究标杆企业有关绩效指标数据状况，通过与标杆企业在内部条件及外部环境方面的比较，研究制定绩效目标的方法。

竞争承诺法

竞争承诺法适用于某些分(子)公司的年度核心目标或某些项目核心目标的制定，该过程往往和部门经理或项目经理的竞聘任命联系在一起，上级授予下级权利的同时，给下属下达核心绩效目标并要求被任命者承诺绩效目标的完成。

图7-5　目标值设计问题常用解决办法的具体内涵及操作说明

还需说明的是：

① 下级目标值的设定应结合企业战略的侧重点，重点考虑可实现性，服务于本企业总体经营目标的实现，也就意味着职位应达到企业期望的战略目标。

② 每种目标值的确定方法实际上都存在一定的优缺点及操作的复杂程度，企业无论是采用哪种方法进行目标值设定，都需要事先给目标制定找到

依据。

（2）选择合适的考核方法

绩效考核的方法种类很多，如目标管理考核法、KPI 考核法、360 度考核法等，下面介绍其中的 2 种。

① 目标管理考核法。目标管理考核法，即按一定的指标或评价标准来衡量员工完成既定目标和执行工作标准的情况，根据衡量结果给予相应的奖励。它是在整个组织实行目标管理的制度下，对员工进行考核的方法。

目标评估既要及时有效地掌握目标完成情况，又要科学合理地反映目标执行人的绩效，即何时进行评估最合适就显得十分重要。按周期不同可将目标评估分为如图 7-6 所示的 3 种。

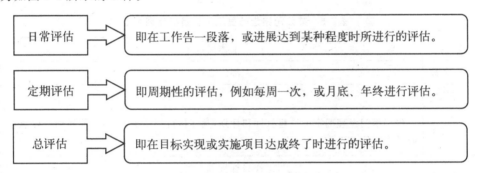

日常评估	即在工作告一段落，或进展达到某种程度时所进行的评估。
定期评估	即周期性的评估，例如每周一次，或月底、年终进行评估。
总评估	即在目标实现或实施项目达成终了时进行的评估。

图7-6　评估周期

目前，目标管理考核法被大量应用于企业考核过程中，其一般的操作流程如图 7-7 所示。

建立工作目标计划表 ＞ 明确业绩衡量标准 ＞ 实施 ＞ 检查

图7-7　目标管理考核法操作流程图

a. 建立工作目标计划表。员工工作目标列表的编制由员工和上级主管共同完成。目标的实现者同时也是目标的制定者，这样有利于目标的实现。工作目标计划表编制的内容如图 7-8 所示。

b. 明确业绩衡量标准。一旦确定某项目标被用到绩效考核工作中，就必须收集相关的数据，明确如何以该目标衡量业绩，并建立相关的检查和平衡机制。业绩衡量标准设计要求如图 7-9 所示。

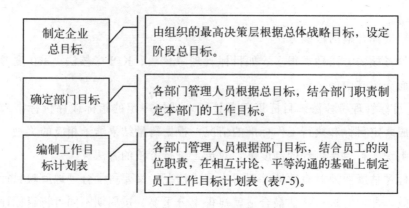

图7-8　工作目标计划表编制的内容

表7-5　某公司销售部员工工作目标计划表

姓名		工作岗位	
单位名称		部门名称	
考核期			
工作概要	根据部门经理确定的销售目标和计划,具体执行产品销售工作,同时做好账款催收及客户服务工作		

工作目标计划			
序号	工作计划内容	工作目标	备注
1	具体执行产品销售工作	完成销售额不低于××万元	
2	根据与客户达成的协议,按时催收账款	账款回收及时率达到××%	
3	根据公司要求,做好客户服务工作	客户有效投诉发生次数小于××次	
4	及时、准确填写各类销售记录、报表	各类销售记录、报表填制 及时率达到100%	
5			
6			
被考核者签名		部门负责人签名	

　　c. 实施业绩评价。在给定时间期末,将员工业绩与目标相比较,从而评价业绩,识别培训需要,评价组织战略成功性,或提出下一时期的目标。

　　d. 检查调整。通过业绩评价,员工找出了自己实际工作业绩与预定目标之间的距离,接着就必须分析造成这些差距的原因,并且通过调整自己的工作方法等,致力于缩小乃至消除这些差距,努力达到自己的目标。

| 1 | 成果计量的单位、计量的方法应该与目标体系一致。 |

| 2 | 考评频率应该与目标计划期一致，否则会造成目标成果难以计量的情况。 |

| 3 | 评价尺度要明确，包括基础指标、超额完成指标、未达标等情况的评价办法等。 |

| 4 | 奖惩办法的规定要具体，包括超额完成任务的奖励和未完成任务的处罚等。 |

图7-9　业绩衡量标准设定要求

　　② KPI 考核法。KPI 考核法即关键绩效指标考核法。它是根据宏观的战略目标，经过层层分解之后提出的具有可操作性的战术目标，并将其转化为若干个考核指标，然后借用这些指标，从多个维度，对组织或员工个人的绩效进行考核的一种方法。

　　关键绩效指标是用来衡量被考核者工作绩效表现的具体量化指标，它来自对企业总体战略目标的分解，反映最能有效影响企业价值创造的关键驱动因素。

　　a. 关键绩效指标体系的建立。关键绩效指标体系是对企业宏观目标进行层层分解后，产生的具有可操作性的一系列关键绩效指标。企业关键绩效指标体系的建立通常有 3 种方式，如图 7-10 所示。

关键绩效指标体系建立方式

依据组织结构建立	依据职类、职种工作性质建立	依据平衡计分卡建立
以组织结构而设立的关键绩效指标体系，主要强调把组织目标落实到部门。	依据职类、职种划分建立的关键绩效指标体系，突出对组织具体策略目标的响应。	根据平衡计分卡建立的企业关键绩效指标体系兼顾对结果和过程的关注。

图7-10　企业关键绩效指标体系的建立方式

b. 关键绩效指标选择。通常情况下，企业中能够用于绩效考核的指标很多，其涵盖的范围也比较广，如果对全部指标均进行监控和考核，就会因指标过多而添乱，因此确定和挑选企业重点关注的关键绩效指标显得尤为重要。企业确定关键绩效指标的常用方法有 3 种，如表 7-6 所示。

表7-6　确定关键绩效指标的方法

确定方法	方法说明
标杆基准法	企业将自身的关键绩效行为与本行业最强企业的关键绩效行为进行比较，分清这些基准企业的绩效形成原因，并在此基础上确定本企业的关键绩效指标
成功关键法	通过寻找企业成功的关键要点，并对这些关键要点进行重点监控和层层分解，从而选择和确立企业评估的关键绩效指标
策略目标分解法	通过建立财务指标与非财务指标的综合指标体系对企业的绩效水平进行监控，进而确立企业的关键绩效指标

c. 指标所占权重确定。在选定关键绩效指标之后，需确定各指标所占权重。关键绩效考核指标权重的确定方法有经验法、强行排序法和权值因子判断表法等，详见表 7-7。

表7-7　确定关键绩效指标权重的方法

确定方法	方法说明
经验法	依据历史数据和专家知觉判断来确定权重的方法，这种方法的决策率高、成本低，容易被人接受，但也存在可靠程度不高等方面的问题
强行排序法	将所有的关键绩效指标按照重要程度进行强行排序，然后根据"20/80"原则确定每个关键绩效指标的权重，这种方式实际上是经验法的一种延续
权值因子判断表法	由评价人员组成评价的专家组，由专家组制定和填写权值因子判断表，然后用各位专家所填权值因子判断表来确定关键绩效指标的权重值

d. 关键指标审核要点。在设定关键绩效指标和标准后，还应该对关键指标进行审核，以确认这些指标能否全面、客观地反映被考核者的工作绩效。关键绩效指标审核要点主要有 6 点，如图 7-11 所示。

e. 关键指标考核法应用范例。关键指标考核法是绩效考核的常用方法之一，

① 工作产出是否为最终产品。

② 关键绩效指标是否可以被证明和观察。

③ 对同一指标多个考核者的评估结果是否一致。

④ 这些关键绩效指标是否可解释被考核者80%以上的工作目标。

⑤ 是否从客户角度来界定关键绩效指标。

⑥ 这些关键绩效指标是否可以操作。

图7-11 关键指标审核要点

表7-8提供了一份××公司关键指标考核法在班组长考核中的应用，供读者参考。

表7-8 ××公司关键指标考核法在班组长考核中的应用

被考核者	班组长	所属部门	生产部
工作岗位		岗位级别	
考核周期	____年__月__日～____年__月__日		

序号	KPI指标	权重	评分标准	得分
1	生产计划完成率	20%	目标值：____%；每降低____个百分点，扣____分	
2	产品质量合格率	15%	目标值：____%；每降低____个百分点，扣____分	
3	产品优良品率	15%	目标值：____%；每降低____个百分点，扣____分	
4	生产事故次数	20%	目标值：0次；每出现1次，扣____分	
5	（班组）劳动生产率	10%	目标值：____%；每降低____个百分点，扣____分	
6	生产设备完好率	10%	目标值：____%；每降低____个百分点，扣____分	
7	生产成本	10%	目标值：预算内；每超出____个百分点，扣____分	
考核得分合计				
直接上级评定：		间接上级评定：		

（3）设计绩效考核方案

制定出的绩效考核方案为企业绩效考核工作的实施提供了明确的依据和要求。下面是2则考核方案示例，供参考。

××生产车间工人考核方案

一、考核目的

对生产车间工人绩效考核的主要目的包括以下两个方面。

1. 激发工人的积极性、主动性和创造性，提高工人基本素质和工作效率。

2. 为工人的晋升、降职、培训、调职和离职提供决策依据。

二、绩效考核对象

生产车间操作人员。

三、绩效考核小组

1. 绩效考核人员。绩效考核小组由三人组成，主体考核者（工人的直接上级）负责为工人评分，考核小组其他两位成员参与并监督考核过程。

2. 生产总监及公司总经理虽然不是公司各岗位工人的最终评估人，但是保留对评估结果的建议权，并参与绩效考核相关会议，提出相关培训、岗位晋升以及工人处罚的要求。

3. 绩效考核人应该熟练掌握绩效考核相关表格、流程、考核制度，做到与被考核人的及时沟通与反馈，公正地完成考核工作。

四、车间工人绩效考核内容

车间工人绩效考核指标、评分标准及相应的分配比例如下表所示。

考核项目（权重）	考核内容	得分标准				得分
		优	良	中	差	
生产任务完成情况（20%）	生产计划完成率（A）					
	生产定额完成率（B）					
	服从生产调度情况					
岗位知识技能要求（15%）	岗位技能					
	对质量目标及质量要求的理解程度					
质量指标（20%）	产品交验合格率（C）					
	投入产出率（D）					
	工艺标准的执行情况（点检、首检等相关的质量记录）					

续表

考核项目 （权重）	考核内容	得分标准				得分
		优	良	中	差	
设备模具工具 维护使用(15%)	使用设备工具的合理性					
	设备模具维护保养					
	设备利用率					
	设备模具故障率					
5S执行情况 （15%）	工作现场,卫生包干区的清洁程度					
	劳保用品穿戴情况					
	文明操作及现场定置管理维持程度					
	安全生产					
	出勤					
劳动纪律(10%)	违纪情况					
工作态度(5%)	工作主动性、协作性					
加分项目	节能降耗(节约资金额度——E)					
	提高效率(工作效率提高率——F)					
	合理化建议所带来的收益(G)					
综合得分						

备注:

1. 上表中的"优""良""中""差"的评价标准可参考"车间工人绩效考核评分标准说明表",最终得分不超过120分。

2. 在绩效改进中,员工合理化建议被验收并采纳,则按照公司科技奖励条例进行奖励。车间仍然加分,纳入年终考核。

3. 在生产工作中,如违反公司技术质量纪律条例四类以上、违反公司的行政纪律条例三类以上、违反安全纪律条例四类以上的,均实施一票否决。

车间工人绩效考核评分标准说明如下表所示。

劳务派遣服务操作实务手册（第二版）

考核内容	评分标准			
	优	良	中	差
生产计划完成率 A/%	A=100	95<A≤99	90<A≤95	A≤90
生产定额完成率 B/%	B=100	95<B≤99	90<B≤95	B≤90
服从生产调度情况	完全服从	基本服从	一次不服从	两次不服从
岗位技能	全部掌握本岗位技能，单项技能都达三星	掌握本岗位3项以上技能，3项技能达三星	掌握本岗位2项以上的技能，2项技能达三星	掌握本岗位1项以上技能，1项技能达三星
对质量目标及质量要求理解程度	深刻理解	基本理解	有一部分不理解	不理解
产品交验合格率 C/%	C≥97	96≤C<97	95≤C<96	94≤C<95
投入产出率 D/%	D≥99.5	99.4≤D<99.5	99.2≤D<99.4	99.0≤D<99.2
工艺标准的执行情况	严格按工艺要求操作	未违反技术质量纪律	违反1次技术质量纪律五类，1次不按要求填写	违反2次技术质量纪律五类，2次不按要求填写
使用设备工具合理性	正确使用，维护得当，工具领用定额节约率10%	不按规定要求使用工具但未造成经济损失	不能正确使用工具并造成不超过100元的经济损失	不能正确使用工具并造成损失金额超过100元
设备模具维护保养	严格按照操作规程要求	只能维持设备模具的正常运转，按要求点检	设备模具运转不正常，1次未按要求点检	设备模具运转不正常，2次未按要求点检
设备利用率	用足用好设备	认真做好机台交班	造成设备空运转15分钟	造成设备空运转半小时以上

考核内容	评分标准			
	优	良	中	差
设备模具故障率	无	人为造成一般设备模具故障,停产2小时	人为造成严重设备模具故障,停产半天	人为造成重大设备模具故障,停产1天
工作现场,卫生包干区的清洁程度	环境整洁	1处不整洁	2处不整洁	3处及以上不整洁
劳保用品穿戴情况	穿戴齐全	劳保用品穿戴不齐全1次	劳保用品穿戴不齐全2次	未正确穿戴劳保用品
文明操作及现场定置管理的维持程度	按规程操作,现场定置管理好	能按规程操作	操作无序,定置管理意识差	极差
安全生产	安全意识强,无违章行为	未违反安全生产纪律	违反安全生产纪律,五类违纪1次	违反安全生产纪律,五类违纪2次
出勤	全勤	无迟到、早退,有病事假但不超过2天	1次以上迟到、早退,有病事假2~5天,未刷卡1次	2次以上迟到、早退,有病事假超过5天,未刷卡2次
违纪情况	无	违反五类行政纪律1次	违反五类行政纪律2次	违反四类行政纪律1次
工作主动性、协作性	工作积极主动,具有良好的团队合作精神	能与同事较好合作,及时完成工作	能相处工作,工作中偶尔有矛盾但能及时完成工作	很难相处,常有矛盾发生,消极
节约资金额度 E/元	$E \geq 1000$	$500 \leq E < 1000$	$200 \leq E < 500$	$E < 200$
工作效率提高率 F/%	$F \geq 10$	$5 \leq F < 10$	$3 \leq F < 5$	$F < 3$

续表

考核内容	评分标准			
	优	良	中	差
合理化建议所带来的收益 G/元	G≥1000	500≤G＜1000	200≤G＜500	G≤200

五、考核时间安排（略）

六、绩效考核实施（略）

七、考核结果运用（略）

××公司行政秘书绩效考核方案

一、考核目的

为规范本公司行政秘书的考核工作,特制定本考核方案。

二、考核周期

1. 季度考核,对上一季度的工作表现进行考核,考核实施时间为下季度第1个月的＿＿＿日之前。

2. 年度考核,考核期限为全年,考核实施时间为下一年度1月＿＿＿日之前。

三、考核关系

由被考核者的直接上级对其实施考核。

四、考核内容及考核标准

1. 工作业绩考核

对行政秘书的工作业绩评估,其具体考核内容与考核标准见下表。

行政秘书工作业绩考核内容与考核标准

工作事项	考核内容	指标说明及考核标准	权重/%
文书管理	文件传递的及时性	文件传递及时,每出现1次延误或差错,减＿＿分	20
	公文处理	1. 在规定的时间内完成,每延迟1次,减＿＿＿分 2. 行文规范、准确,每出现不规范或错误的情况1次,减＿＿＿分	
	文件资料归档及时率	1. 文件资料归档及时率达到100%,得＿＿分 2. 每有1次不及时的情况出现,减＿＿分	

工作事项	考核内容	指标说明及考核标准	权重/%
会议组织	会前准备的质量	会议组织有序,因会议准备工作不充分而影响会议顺利进行的次数每发生1次,减__分	15
	会场服务的质量	因会议服务不周引起投诉的次数每出现1次,减__分	
	会议记录的质量	1. 每次会议记录均能按时整理完成,得__分;会议记录延时上交次数每出现1次,减__分 2. 会议记录的完整性,会议记录翔实、准确、完整,得__分;会议内容记录准确,但稍有遗漏,得__分;会议记录内容有误且不完整,减__分	
文件的录入打印	文件录入打印的及时性	考核期内在规定期限内没有完成的文件次数每出现1次,减__分	10
	文件录入打印的错误次数	考核期内因错误而被返回的文件次数不超过__次,每超过1次,减__分	
访客接待工作	客户投诉次数	因接待不周引起客人投诉的次数每出现1次,减__分	10
满意度	领导满意度	领导满意度评分的平均值在__分以上,每低__分,扣__分;每高出__分,加__分	10

2. 工作能力与工作态度考核

对行政秘书工作能力与态度考核,其内容与标准如下表所示。

行政秘书工作业绩考核内容与评价标准

考核指标		指标说明	评价标准	权重/%
工作能力	写作能力	能否保证文书写作的规范性,文字流畅、简练	1. 按时完成文书写作工作,所写文书符合公文写作规范,得__分 2. 文件书写规范,表达清晰,有条理,文笔流畅,得__分	15
	操作办公自动化设备能力	对打印机、复印机、扫描仪等办公自动化设备的操作熟练程度	1. 能够操作办公自动化设备,但不熟练,得__分 2. 熟练使用办公自动化设备,得__分	10

续表

考核指标		指标说明	评价标准	权重/%
工作态度	自律性	能否严格遵守公司规章制度	1. 考核期内严格遵守规章制度，无违纪现象，得__分 2. 考核期内违纪现象在__次以内，得__分 3. 考核期内违纪超过__次，该项得分为0	5
	责任心	是否具备很强的责任心，工作尽职尽责	1. 对本职工作有一定的责任感，能够按时完成工作，得__分 2. 工作时尽职尽责，能够保质保量地完成本职工作，得__分 3. 从企业的整体利益出发，关注本职外工作并协助完成，得__分	5

五、绩效考核奖惩规定（略）

7.4 派遣员工薪酬管理

7.4.1 工资发放

《劳动合同法》第六十条规定："劳务派遣单位应当将劳务派遣协议的内容告知被派遣劳动者。劳务派遣单位不得克扣用工单位按照劳务派遣协议支付给被派遣劳动者的劳动报酬。劳务派遣单位和用工单位不得向被派遣劳动者收取费用。"说明劳务派遣员工的工资由劳务派遣单位支付。实践中的操作是，用工单位将工资打到劳务派遣单位的账上，然后由劳务派遣单位发放给被派遣劳动者。

那么，派遣人员工资的发放又有哪些方法呢？

用人单位需按法律规定或劳动合同约定，定时向员工支付工资。对于员工工资支付，《工资支付暂行规定》第五条明确规定"工资应当以法定货币支付。不得以实物及有价证券替代货币支付"，即用人单位向员工支付的工资需是法定货币，不能以实物或有价证券代替。劳务派遣公司常用的工资支付方式主要有三种：现金支付、通过银行支付及现金支付与通过银行支付相结合，具体说明如

表 7-9 所示。

表7-9 工资支付方式说明表

支付方式		支付方式说明
现金支付		◎用人单位将员工薪酬以现金的形式直接发给员工 ◎现金支付工作操作方便
通过银行支付	银行转账	◎用人单位直接将员工工资从公司银行账户中划入员工的个人银行账户 ◎银行转账需要用人单位开通银行账户及网上银行,但工资支付较现金支付快捷便利,且安全系数较高
	银行代发	◎用人单位在银行开立代付业务账户,将工资总额转入银行代付账户,并定期提供工资盘,然后银行根据工资盘及相关数据在规定时间内统一发放员工工资 ◎银行代发由银行进行批量操作,统一发放员工工资,可节省用人单位相关成本,提高工作效率
现金支付与通过银行支付相结合		◎用人单位将员工的部分工资以现金的方式支付,另一部分通过银行支付

　　劳务派遣公司应根据其实际需求选择合适的工资支付方式。但是,无论选择何种方式支付员工工资,用人单位需遵守图 7-12 所示的工作要求。

要求1 用人单位需以法定货币支付员工工资,如用人单位遇到特殊情况难以按时支付员工工资时,可根据相关法律规定与员工协商延迟工资支付,但不得使用实物等替代法定货币支付员工工资。

要求2 用人单位在支付员工工资时,特别是选择现金支付方式支付工资时,应要求员工当场对钱款清点清楚,并在工资表上签字确认。如员工委托他人领取工资时,用人单位需核实工资代领委托书,并将委托书备案存档。

要求3 用人单位需做好员工工资支付记录,详细记录每次员工工资支付的数额、项目、时间、员工姓名等信息,并要求工资支付记录上有每名领取工资的员工签字,然后将工资支付记录整理归档。

图7-12 工资支付要求示意图

通过以上内容，我们可以知道工资支付的方式，但是，工资支付过程中也会有相应的风险，工资支付的风险，我们应该怎样规避呢？

国家在工资支付保障、最低工资支付、特殊情况的工资支付等方面都制定了有关的法律法规。劳务派遣公司要对有关工资支付的条款充分了解，这样才能有效地规避工资支付带来的不必要的风险。

例如，有关工资支付保障方面，《劳动法》有关工资支付的规定有如下条款。

第四十六条　工资分配应当遵循按劳分配原则，实行同工同酬。工资水平在经济发展的基础上逐步提高。国家对工资总量实行宏观调控。

第五十条　工资应当以货币形式按月支付给劳动者本人。不得克扣或者无故拖欠劳动者的工资。

第五十一条　劳动者在法定休假日和婚丧假期间以及依法参加社会活动期间，用人单位应当依法支付工资。

有关最低工资支付方面，《最低工资规定》《劳动法》《劳动合同法》《工资支付暂行规定》等法律法规对最低工资的给付进行了规范，企业不得以任何名义克扣或减少工资给付的数额。

7.4.2　特殊支付

工资是用人单位根据国家相关规定或劳动合同约定，定期以货币的形式向员工支付的劳动报酬，是员工劳动收入的主要部分。

员工工资的范围可根据《关于工资总额组成的规定》第四条进行确定，即工资总额是由计时工资、计件工资、奖金、津贴和补贴、加班加点工资、特殊情况下支付的工资六部分组成，具体各组成部分的内容可参照下列《关于工资总额组成的规定》有关条款的规定。

第五条　计时工资是指按计时工资标准（包括地区生活费补贴）和工作时间支付给个人的劳动报酬。包括：

（一）对已做工作按计时工资标准支付的工资；

（二）实行结构工资制的单位支付给职工的基础工资和职务（岗位）工资；

（三）新参加工作职工的见习工资（学徒的生活费）；

（四）运动员体育津贴。

第六条　计件工资是指对已做工作按计件单价支付的劳动报酬。包括：

（一）实行超额累进计件、直接无限计件、限额计件、超定额计件等工资制，按劳动部门或主管部门批准的定额和计件单价支付给个人的工资；

（二）按工作任务包干方法支付给个人的工资；

（三）按营业额提成或利润提成办法支付给个人的工资。

第七条　奖金是指支付给职工的超额劳动报酬和增收节支的劳动报酬。包括：

（一）生产奖；

（二）节约奖；

（三）劳动竞赛奖；

（四）机关、事业单位的奖励工资；

（五）其他奖金。

第八条　津贴和补贴是指为了补偿职工特殊或额外的劳动消耗和因其他特殊原因支付给职工的津贴，以及为了保证职工工资水平不受物价影响支付给职工的物价补贴。

（一）津贴。包括补偿职工特殊或额外劳动消耗的津贴、保健性津贴、技术性津贴、年功性津贴及其他津贴。

（二）物价补贴。包括为保证职工工资水平不受物价上涨或变动影响而支付的各种补贴。

第九条　加班加点工资是指按规定支付的加班工资和加点工资。

第十条　特殊情况下支付的工资。包括：

（一）根据国家法律、法规和政策规定，因病、工伤、产假、计划生育假、婚丧假、事假、探亲假、定期休假、停工学习、执行国家或社会义务等原因按计时工资标准或计时工资标准的一定比例支付的工资；

（二）附加工资、保留工资。

通过以上内容，可知员工工资的具体构成，其中包括特殊情况的工资支付。

有关特殊情况的工资支付方面，《工资支付暂行规定》第十一条规定："劳动者依法享受年休假、探亲假、婚假、丧假期间，用人单位应按劳动合同规定的标准支付劳动者工资。"《职工带薪年休假规定》第五条还规定，单位确因工作需要不能安排职工休年休假的，经职工本人同意，可以不安排职工休年休假。对职工应休未休的年休假天数，单位应当按照该职工日工资收入的300％支付年休假工资报酬。

除了解上述法律规定的硬性条款外，劳务派遣企业自身也要制定有关工资支付的规章制度，以促进企业稳定有序地发展。

第 **8** 章 ▶▶

劳务派遣与员工保护

8.1 劳务派遣与公平就业

8.1.1 劳务派遣与就业歧视

劳务派遣作为一种专门的劳务经营业务，近几年得到了快速发展，但是由于相关制度上的不完善及监督力度不足，加上人们法治观念认识上的错误和利益关系的驱动，导致劳务派遣的过程中存在许多破坏劳动者权益的不合法、不合理的现象。

（1）劳务派遣就业歧视主要表现

尽管《劳动合同法》明确规定了被派遣劳动者享有与用工单位劳动者同工同酬的权利，禁止差别对待。但在实践过程中，劳务派遣员工遭受就业歧视的现象还比较普遍，其主要表现形式如图 8-1 所示。

1 派遣员工的自由择业权受侵害

劳务派遣以"雇用"与"使用"相分离为主要特征，劳务派遣机构与用工单位均要从劳动者身上获得利润，这样一来极有可能导致被派遣员工的工资低于正常雇用的劳动者。在此种情况下，劳务派遣机构/用工单位往往会采取各种方式限制劳动者寻找正常雇用的机会。

2 派遣员工的平等就业权基本落空

在现实操作中，用工单位为了转嫁管理成本和用工成本，规避或避免《劳动合同法》的约束，在一些稳定需求的工作岗位上使用劳务派遣人员，从而使派遣员工在某工作岗位工作，但得不到正规雇用的机会。

3 派遣员工的职业平等权难以保障

派遣员工往往处境尴尬，工作上超负荷运转，但在享受工资福利等待遇方面，派遣员工因不是用人单位正式员工，有时会比正式员工的待遇差一些。这种差别待遇，显然侵犯了他们的职业平等权。

图8-1　劳务派遣人员遭受就业歧视主要表现

（2）完善劳务派遣用工监管制度

劳务派遣就业公平关系到被派遣劳动者的劳动权益和生存利益，所以要依法加强对劳务派遣用工的监督管理，进一步规范用工单位、劳务派遣机构和劳动者的权利义务关系，完善对劳务派遣公司监督管理的相关制度，具体体现有 3 个方面的内容，如图 8-2 所示。

1. 建立健全公司管理制度	派遣机构应认真研究并掌握《劳动法》和"劳务派遣"的各项规定，做好派遣机构的自身建设，完善各项管理措施，培养一支具有高文凭、懂业务、熟悉政策的员工队伍，提高服务质量，以优质的服务赢得客户满意，从而推动劳务派遣工作的发展。
2. 依法签订劳动合同和劳务合同	劳务派遣机构与劳务人员签订劳动合同、与用工单位签订劳务合同/协议，明确各方的权利和义务，是依法规范用工、避免劳动争议和劳务纠纷的最重要的基础工作。
3. 加强对劳务派遣的执法监察	鉴于劳务派遣方面存在的问题，为维护劳动力市场秩序和劳务派遣人员的合法权益，各地劳动保障部门应加强对劳务型公司派遣劳务人员和用工单位使用劳务人员的执法监察。

图8-2 完善劳务派遣监管制度的 3 个方面

8.1.2 劳务派遣与同工同酬

不少用工单位大量使用劳务派遣工已经成为普遍现象。在实际操作中，部分用工单位的派遣员工与本企业正式员工同工不同酬、社保缴费基数差别大等现象依然存在，严重损害了派遣员工的合法权益。

针对这一不合理现象，《劳动合同法》明确了劳务派遣工享有与用工单位的劳动者同工同酬的权利。其中有这样的规定："用工单位应当按照同工同酬原则，对被派遣劳动者与本单位同类岗位的劳动者实行相同的劳动报酬分配办法。用工单位无同类岗位劳动者的，参照用工单位所在地相同或者相近岗位劳动者的劳动报酬确定。"

由人社部起草并通过的《劳务派遣暂行规定》在《劳动合同法》相关规定的基础上，增加了一些新规定。该《规定》加强了对派遣人员的保护，具体体现在"权益保障"和"待遇保护"两方面。具体内容如图 8-3 所示。

"权益保障"方面

明确劳务派遣机构应依法与被派遣员工订立2年以上的固定期限书面劳动合同，用工单位不得随意退工。如被派遣员工在退回后无工作期间，派遣单位应按不低于所在地最低工资标准，向其按月支付报酬；规定还特别明确跨地区派遣劳务工，应在用工单位所在地为被派遣员工参加社会保险，并按所在地的规定缴纳社会保险费，被派遣劳动者按国家规定享受社会保险待遇。

"待遇保护"方面

强化同工同酬，《劳务派遣暂行规定》较之《劳动合同法》及其修正案又增加一些新规定。比如，明确用工单位应向被派遣员工提供与正式工相同的福利待遇，不得歧视劳务派遣用工。

图8-3　《劳务派遣暂行规定》对派遣人员权益保障和待遇保护

（1）对同工同酬的认识

同工同酬是指用工单位对于从事相同工作，付出等量劳动且取得相同劳动业绩的劳动者，支付同等的劳动报酬。由此可见，同工同酬必须具备三个条件，具体如图 8-4 所示。

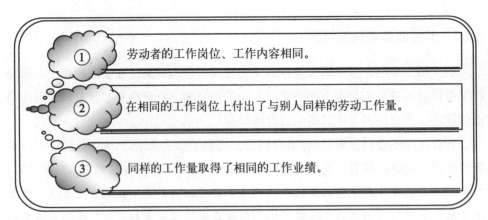

图8-4　同工同酬必备的三个条件

在认知上，同工同酬包含三个层面的内容：

① 男女同工同酬；

② 不同种族、民族、身份的人同工同酬；

128

③ 企业内部的同工同酬。这是同工同酬中最重要的内容。在同一企业中从事相同工作；付出等量劳动且取得相同劳动业绩的劳动者，有权利获得同等的劳动报酬。

（2）现状和原因分析

尽管已经颁布了一系列保护劳务派遣工合法权益的相关规定，但并不是所有的用工单位都可以完全做到同工同酬这点。目前在劳务派遣领域中，对劳务派遣工的身份歧视问题还是比较突出，集中体现在劳务派遣工与所谓正式工（与用工单位签订劳动合同的员工）从事相同的工作，工资福利待遇却有一定差距，究其原因主要有6点，如图8-5所示。

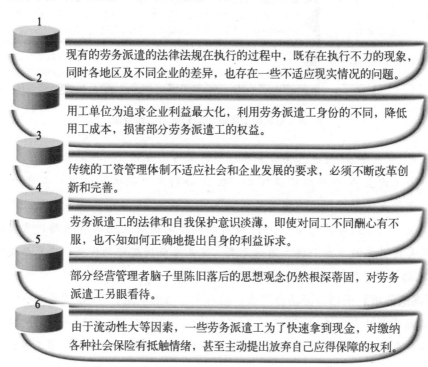

1 现有的劳务派遣的法律法规在执行的过程中，既存在执行不力的现象，同时各地区及不同企业的差异，也存在一些不适应现实情况的问题。

2 用工单位为追求企业利益最大化，利用劳务派遣工身份的不同，降低用工成本，损害部分劳务派遣工的权益。

3 传统的工资管理体制不适应社会和企业发展的要求，必须不断改革创新和完善。

4 劳务派遣工的法律和自我保护意识淡薄，即使对同工不同酬心有不服，也不知如何正确地提出自身的利益诉求。

5 部分经营管理者脑子里陈旧落后的思想观念仍然根深蒂固，对劳务派遣工另眼看待。

6 由于流动性大等因素，一些劳务派遣工为了快速拿到现金，对缴纳各种社会保险有抵触情绪，甚至主动提出放弃自己应得保障的权利。

图8-5　劳务派遣实行同工同酬效果不佳的原因

（3）完善同工同酬相关制度

《劳动合同法》和《劳务派遣暂行规定》颁布实施对于进一步规范劳务派遣用工行为，明确派遣单位、用工单位和被派遣劳动者三方的权利义务，维护被派遣劳动者的合法权益，促进企业健康发展，构建和谐稳定的劳动关系具有重要意义。为了进一步完善劳务派遣相关规章制度，加强此项工作，可以从6个方面入手，如图8-6所示。

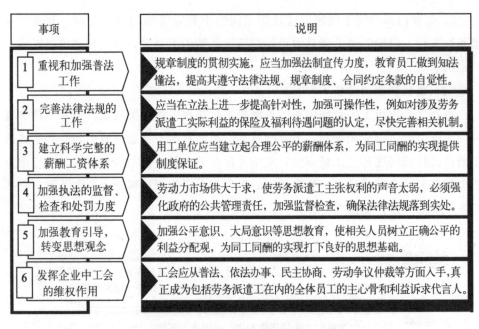

事项	说明
1 重视和加强普法工作	规章制度的贯彻实施，应当加强法制宣传力度，教育员工做到知法懂法，提高其遵守法律法规、规章制度、合同约定条款的自觉性。
2 完善法律法规的工作	应当在立法上进一步提高针对性，加强可操作性，例如对涉及劳务派遣工实际利益的保险及福利待遇问题的认定，尽快完善相关机制。
3 建立科学完整的薪酬工资体系	用工单位应当建立起合理公平的薪酬体系，为同工同酬的实现提供制度保证。
4 加强执法的监督、检查和处罚力度	劳动力市场供大于求，使劳务派遣工主张权利的声音太弱，必须强化政府的公共管理责任，加强监督检查，确保法律法规落到实处。
5 加强教育引导，转变思想观念	加强公平意识、大局意识等思想教育，使相关人员树立正确公平的利益分配观，为同工同酬的实现打下良好的思想基础。
6 发挥企业中工会的维权作用	工会应从普法、依法办事、民主协商、劳动争议仲裁等方面入手，真正成为包括劳务派遣工在内的全体员工的主心骨和利益诉求代言人。

图8-6 完善同工同酬相关制度的工作说明

小陈2016年10月进入某劳务派遣公司工作，并订立两年期劳动合同，后被派遣公司派遣至A公司担任操作工。在A公司工作期间，小陈月工资为3000元，后来他无意中得知同一部门的正式工月工资为3500元。陈某感觉公司对自己很不公平，于是与派遣公司、A公司的领导沟通自己的工资问题，希望能与同岗位其他员工的工资一样，沟通无果。陈某无奈提起劳动仲裁，要求享受每月3500元的工资待遇。

【案例分析】根据《劳动合同法》第六十三条的规定："被派遣劳动者享有与用工单位的劳动者同工同酬的权利。用工单位应当按照同工同酬原则，对被派遣劳动者与本单位同类岗位的劳动者实行相同的劳动报酬分配办法。用工单位无同类岗位劳动者的，参照用工单位所在地相同或者相近岗位劳动者的劳动报酬确定。"《劳动法》第四十六条规定："工资分配应当遵循按劳分配原则，实行同工同酬。"

对于同工同酬需要具备以下几个方面：

① 相同的岗位；

② 工作量相同；

③ 业绩相同。

在具备上述三个条件的情况下，劳动者有权利享受同工同酬。

针对本例，陈某与 A 公司虽然没有形成劳动关系，其工资由派遣公司支付，但陈某被派遣到 A 公司后，享有与 A 公司的劳动者同工同酬的权利。在工作内容、工作量、工作业绩大体相同的情况下，派遣单位应当向陈某支付与用工单位劳动者大体相同的工资，而不得以陈某不是用工单位的员工为借口违反同工同酬的原则。

8.2 派遣中的工时休假管理

8.2.1　派遣工时管理

（1）三种工时制度的分类比较及案例分析

《劳动法》规定的工时制度有三种，即标准工时制、综合计算工时制和不定时工时制。根据《国务院关于职工工作时间的规定》，我国目前实行劳动者每日工作 8 小时，每周工作 40 小时这一标准工时制。有条件的企业应实行标准工时制。有些企业因工作性质和生产特点不能实行标准工时制，应保证派遣员工每天工作不超过 8 小时、每周工作不超过 40 小时、每周至少休息一天。工作时间制度的分类比较如表 8-1 所示。

表8-1　工作时间制度的分类比较

区别 ＼ 种类	标准工时制	不定时工时制	综合计算工时制
性质	工作时间定工作量	直接确定工作量	工作时间定工作量
适用对象	一般劳动者	特定的三类人员	特定的三类人员
内容	8 小时/天 40 小时/周	无固定时间要求	综合计算周期内的总实际工作时间不能超过总法定标准工作时间
要求	不需要批准	需劳动行政部门批准	需劳动行政部门批准
加班	工作时超过法定时间就属于加班；休息日、法定休假日安排劳动也属于加班	视各地方政策规定而定	一个周期超过标准时间属于加班；法定休假日安排工作也属于加班
带薪休假	有	有	有

【标准工时制案例分析】

小张和小陈都是今年毕业的大学生，毕业后小张应聘到某国企从事文员工作，适用标准工时制，工作时间是朝九晚五。小陈应聘到某制造型企业工作，公司的考勤规定每周一到周日每天上班5小时，小陈认为公司安排不合法，公司认为小陈每天工作5小时每周35小时，并没有违反《劳动法》每周不超过40小时的标准工时制规定。于是，双方引发了争执。

分析：小陈的公司采用的是标准工时制，工作时间虽然符合《劳动法》相关规定，但是没有给员工休息日的做法，违反了《劳动法》第三十八条规定，用人单位应当保证劳动者每周至少休息一日。所以小陈的公司作息时间的安排是不合法的。

【不定时工作制案例分析】

邱某为上海某长途运输公司的汽车驾驶员，2016年8月邱某与公司签订了两年的劳动合同，实行不定时工时制。邱某的长途运输工作一般是根据公司安排而定，具有不固定性，有时短途有时长途，超过8小时工作公司也从没给过加班费。邱某找到了公司领导要求支付加班工资及法定节假日的加班费，公司的答复是，公司经劳动行政部门的批准，对负责长途运输的司机采用不定时工时，拒绝了邱某的要求。于是，邱某请求劳动争议仲裁。

分析：(1) 货运公司经劳动行政部门的批准实行不定时工作制。工作时间是不固定的，不受标准工作时间的限制，超过8小时的工作不视为延长工作时间，而是属于正常的工作时间。

(2) 但根据《上海市企业工资支付办法》第十三条规定，经批准实行不定时工时制的用人单位，在法定休假节日安排员工工作的，应按照不低于其本人日或小时工资标准的300%支付工资。

【综合计算工时制案例分析】

潘女士2017年3月进入了一家旅行社从事客服工作，旅行社对客服岗位实行的是综合计算工时工作制（尚未经劳动行政部门审批），旺季忙的时候经常连续工作，每周只休息一天，淡季闲下来的时候安排调休2个月，季节性较强。2017年11月，潘女士提出辞职，要求支付上班期间加班的费用。理由是在此期间每周工作6天，每天工作8小时，超过了法定工作时间。旅行社称潘女士的岗位采用的是综合计算工时制，只要全年工作总时间没有超过250天，就不用支付加班费，潘女士全年的工作时间并未超过250天，所以不应支付加班费。于是，潘女士提起仲裁申请。

分析：(1) 根据《特殊工时管理规定》第七条规定，旅游行业中部分受季节、资源、环境和自然条件限制需要集中作业的岗位，可以实行综合计算工时工作制。该旅行社客服岗位工作季节性特点明显，采用综合计算工时工作制合适；年工作时间也没有超过250天。

(2) 旅行社未经过劳动行政部门审批，无权自行决定采用综合计算公式工作制，所以旅行社的主张不能成立。本例将认定旅行社实行的是标准工时制，应当支付潘女士每周工作超过40小时部分的加班费。

（2）劳务派遣加班加点工作时间

劳务派遣加班是指派遣员工按照用工单位的要求在法定节日或公休假日内从事生产或工作。通常以工作日计算。劳务派遣加点是指派遣员工按照用工单位的要求在工作日以外继续从事生产或工作，通常以小时计算。

对于非正常工作日的工作时间，《劳动法》第四十一条规定：用人单位由于生产经营需要，经与工会和劳动者协商后可以延长工作时间，一般每日不得超过1小时；因特殊原因需要延长工作时间的，在保障劳动者身体健康的条件下延长工作时间每日不得超过3小时，但是每月不得超过36小时。

特殊情况下，延长工作时间不受《劳动法》第四十一条的限制。《劳动法》规定在下述特殊情形之一的，延长工作时间不受《劳动法》第四十一条的限制。

① 发生自然灾害、事故或者因其他原因，威胁劳动者生命健康和财产安全，需要紧急处理的。

② 生产设备、交通运输线路、公共设施发生故障，影响生产和公共利益，必须及时抢修的。

③ 法律、行政法规规定的其他情形。

郭某与某劳务派遣公司签订了为期2年的劳动合同，劳动合同中没有约定具体的工作岗位和工作时间。不久郭某被派遣至一家电力工程公司工作6个月，由于工期紧张，项目投产赶时间，郭某每周只能休息1天。后来派遣期与劳动合同期满后，派遣公司要终止劳动合同。郭某要求派遣公司支付每周的加班费。派遣公司要求电力工程公司承担该责任，而电力工程公司拿出当地劳动行政部门对其单位关于不定时岗位的批文，该批文中明确郭某所从事的岗位适用于不定时工作制，因此不需要支付加班费。而郭某认为自己是劳务派遣公司的员工，劳务派遣公司并没有获得相关的批文，劳务派遣公司应当向其支付加班费，于是郭某向劳动争议仲裁委员会申请仲裁。

【案例分析】根据《劳动法》和相关法规的规定，我国目前的工时制度主要有3种：标准工时制、综合计算工时制和不定时工时制。3种工时区别之一在于加班费的计算方式不同。

《特殊工时管理规定》规定："用工单位需要在实行特殊工时制度的岗位上使用被派遣劳动者的，应当与劳务派遣单位在劳务派遣协议中明确实行特殊工时制度的岗位、人数、期限和劳动报酬等，劳务派遣单位应当将劳务派遣协议的内容告知被派遣劳动者。"特殊工时制度要能适用于派遣员工，不仅要获得劳动行政部门批准，还需要明确书面告知派遣员工从事的岗位属于特殊工时制。如果仅仅只是获得批准而没有明确告知派遣员工的，派遣员工并不适用于特殊工时制。因此，对于用工单位或劳务派遣公司来说，申请审批特殊工时与书面告知派遣员工特殊工时制同等重要。

本例中，派遣公司与派遣员工签订的劳动合同中对于工时并没有明确的约定，那么，在劳务派遣期间，无法证明派遣员工知道其从事的岗位属于特殊工时制。尽管电力工程公司作为用工单位已经申请了不定时工时制，但是，在没有明确告知派遣员工的情形下，属于派遣公司和用工单位没有尽到告知义务，因此应当承担相应的法律责任。在没有明确告知派遣员工的情况下，该不定时工时制并不适用于派遣员工。在派遣员工不适用特殊工时制的情形下，在仲裁时只能按照标准工时制来裁决，即在标准工时制下，周六、周日安排员工工作，没有安排调休的，应当依法支付加班费。

8.2.2　派遣休假管理

休假是劳动者享受个人权利的一种形式，对于在同一用工单位工作时间较长的劳动者，用工单位更应该给予一定的休假权利。国家对各企事业单位连续工作满一定工龄的劳动者的带薪休假标准也给出了明确的规定。

（1）年休假的国家规定

国务院颁布的《职工带薪年休假条例》第二条规定："机关、团体、企业、事业单位、民办非企业单位、有雇工的个体工商户等单位的职工连续工作1年以上的，享受带薪年休假（以下简称年休假）。单位应当保证职工享受年休假。职工在年休假期间享受与正常工作期间相同的工资收入。"这就意味着，尽管该劳务派遣工可能是刚由其他单位派遣到当前工作单位的，但是只要他属于在同一用人单位或不同单位连续工作满12个月以上的任一情形，就具备享受法定的带薪年休假的条件。

（2）年休假的休假标准

对于在同一用工单位工作时间满不同年限的劳动者，享有不同标准的休假时间。《职工带薪年休假条例》第三条有明确的规定，具体标准如表8-2所示。

（3）派遣休假的特殊情况说明

虽然带薪年休假是包括劳务派遣工在内的劳动者应享受的福利，但是根据《职工带薪年休假条例》规定，劳动职工有下列情形之一的，不享受当年的年休假。

① 职工依法享受寒暑假，其休假天数多于年休假天数的。

表8-2 职工带薪年休假标准

职工累计工龄	年休假
已满 1 年不满 10 年	5 天
已满 10 年不满 20 年	10 天
已满 20 年	15 天

② 职工请事假累计 20 天以上且单位按照规定不扣工资的。

③ 累计工作满 1 年不满 10 年的职工，请病假累计 2 个月以上的。

④ 累计工作满 10 年不满 20 年的职工，请病假累计 3 个月以上的。

⑤ 累计工作满 20 年以上的职工，请病假累计 4 个月以上的。

（4）派遣休假安排

根据《职工带薪年休假条例》，单位应当根据生产、工作的具体情况，并考虑职工本人意愿，统筹安排职工年休假。年休假在 1 个年度内可以集中安排，也可以分段安排，一般不跨年度安排；单位因生产、工作特点确有必要跨年度安排职工年休假的，可以跨 1 个年度安排。

单位确因工作需要不能安排职工休年休假的，经职工本人同意，可以不安排职工休年休假，但是对于未休的年假天数，单位应按照该职工日工资收入的300％支付工资报酬。

（5）带薪年休假的实施监督

带薪休假制度作为企业需要长期遵守的一项制度，是劳动者的法定权利，也是企业应尽的义务。企业应当转变传统观念，正确认识到带薪年休假的潜在经济效益和社会效益。企业应该与员工加强沟通，充分结合考虑企业与员工的实际情况来合理安排带薪休假，对于不能批准休假的，应给予正当的理由，并通过调休、补休或其他《职工带薪年休假条例》中规定的办法进行补偿。对于应实施而实际未实施劳动年休假安排，也未支付相应费用的企业，将会受到相应惩罚。

《职工带薪年休假条例》第六条规定："县级以上地方人民政府人事部门、劳动保障部门应当依据职权对单位执行本条例的情况主动进行监督检查。工会组织依法维护职工的年休假权利。"

（6）法定节假日

用工单位除制定正常的年休假管理制度外，还应当制定明确的休假管理制度，以确保劳务派遣工在提供正常劳动的同时，能得到充分的休息。根据《国务院关于修改〈全国年节及纪念日放假办法〉的决定》，其中全体公民放假的节日如下。

① 元旦，放假 1 天（1 月 1 日）。

② 春节，放假 3 天（阴历除夕、正月初一、初二）。

③ 清明节，放假 1 天（阴历清明当日）。

④ 劳动节，放假 1 天（5 月 1 日）。

⑤ 端午节，放假 1 天（阴历端午当日）。

⑥ 中秋节，放假 1 天（阴历中秋当日）。

⑦ 国庆节，放假 3 天（10 月 1 日、2 日、3 日）。

【案例】张某是一劳务派遣单位的派遣员工，一年来先后被派往多个单位从事保安、搬运等多种临时性的工作。逢年过节，其他同事都要回家，张某却被用工单位告知："派遣工的带薪年休假待遇无人负责。"张某觉得自己的权益受到侵害，于是向法律人士咨询。

【案件分析】根据《劳动合同法》第五十八条的规定："劳务派遣单位是本法所称用人单位，应当履行用人单位对劳动者的义务……"因此，张某的带薪年休假待遇应由劳务派遣单位负责。这也符合《职工带薪年休假条例》和《企业职工带薪休假实施办法》的相关规定。

张某有权享受带薪年休假待遇，不能以派遣员工从事的是多个被派遣单位（用工单位）的临时性工作为由取消其享受带薪年休假的待遇。张某一年多一直都在一个派遣单位（用人单位）工作，虽然期间换了几个用工单位，但根据《企业职工带薪年休假实施办法》第四条的规定"年休假天数根据职工累计工作时间确定。职工在同一或者不同用人单位工作期间，以及依照法律、行政法规或者国务院规定视同工作期间，应当计为累计工作时间。"因此，张某享有带薪年休假的待遇。

8.3 派遣中的卫生安全保护

8.3.1 安全卫生责任划分

（1）职业安全卫生的产生因素

对劳务派遣工职业安全卫生责任的划分需要先认识产生职业危害的原因。通常产生职业危害的因素有三大类，如图 8-7 所示。

生产环境中的有害因素	(1) 自然环境因素的作用，如夏季高温辐射，冬季因窗门紧闭而通风不良等。 (2) 厂房建筑或布局不合理，如有毒工段与无毒工段安排在一个车间。 (3) 由不合理生产过程所致环境污染。
生产工艺过程中产生的有害因素	(1) 化学因素：生产性毒物，如铅、苯系物、氯、汞等。 (2) 物理因素：如高气压、低气压、噪声、振动、非电离辐射等。 (3) 生物因素：如炭疽杆菌、布氏杆菌等。 (4) 粉尘，如矽尘、石棉尘、煤尘、有机粉尘等。
劳动过程中的有害因素	(1) 劳动组织和制度不合理，劳动作息制度不合理等。 (2) 精神(心理)性职业紧张。 (3) 劳动强度过大或生产定额不当，不能合理地安排与劳动者身体状况相适应的作业。 (4) 个别器官或系统过度紧张，如视力紧张等。 (5) 长时间处于不良体位或姿势，或使用不合理的工具劳动。

图8-7　产生职业危害的三类因素

（2）安全生产责任制

用工单位在实施劳动者安全卫生保护制度时，可根据本单位的业务性质或项目要求实施安全生产责任制，将相关业务项目涉及的安全责任根据职务级别和责任大小逐级分配到人，以增强劳务派遣相关人员的安全意识、责任意识。

各级别安全生产责任人在日常安全生产管理工作中，要督促派遣员工在内的操作人员严格按照国家规定的标准和流程实施操作，并加强安全生产意识。用工单位同时要为劳动者提供符合国家标准的安全生产设备设施、操作环境和劳动安全生产防护工具、器材，为劳动者实施安全生产提供基本保障。

下文是某企业制定的有关安全生产责任制的管理制度，供参考。

制度名称	安全生产责任管理制度		编　号	
			受控状态	
执行部门		监督部门	编修部门	
第 1 章　总则				
第 1 条　目的 　为了规范公司安全生产管理工作,落实安全生产责任制,确保安全生产,特制定本制度。				

第2条　适用范围

本制度适用于本公司安全责任的落实管理工作。

第2章　高层管理人员的安全生产责任

第3条　公司总经理的安全生产责任

1. 公司总经理是公司安全生产工作的第一负责人，应对全公司的安全生产工作和劳动保护工作负责。

2. 认真贯彻执行国家制定的劳动保护条例、安全生产的政策法令及各项规章制度与操作规范。

3. 负责制定公司安全生产工作规则和安全生产条例，拟定奖惩办法，建立和完善安全生产管理制度和安全生产技术措施，组织实施安全生产各项工作，检查督促本公司的各级安全生产工作。

第4条　公司副总经理的安全生产责任

1. 认真贯彻国家、政府的劳动保护条例和法令，执行相关安全审查制度，贯彻落实各项安全生产规程。

2. 定期组织安全生产检查，督促各部门整改安全生产工作中的不足之处。

3. 负责对员工进行安全生产教育培训，领导和督促各职能部门及全体员工做好安全生产工作。

第5条　公司总工程师的安全生产责任

1. 定期组织技术人员编制安全生产组织设计方案、操作规范及各项技术措施。

2. 负责制定重大生产安全隐患的技术处置方案。

3. 负责督促检查安全生产技术措施和操作规程的落实执行情况。

第3章　相关部门的安全生产责任

第6条　生产部的安全生产责任

1. 贯彻执行"安全第一，预防为主"的安全生产方针和相关法律法规及公司安全生产规章制度。

2. 贯彻落实安全生产操作规程，并负责安全生产的管理与监督，做好生产过程安全控制工作。

3. 参与安全部组织的安全生产检查，对发现的问题及时安排整改，并参与有关事故的调查处理。

第7条　设备部的安全生产责任

1. 贯彻国家、上级部门关于设备制造、检修、维护保养及安装施工方面的安全规程，做好主管业务范围内的安全工作，负责制定和修改各类机械设备的操作规程和管理制度。

2. 负责机械设备、电器、仪表、管道、通排风装置及建筑物的管理工作,使其符合安全技术要求。

3. 组织设备安全检查,对检查出的问题要有计划地及时解决,按期完成技术措施计划和隐患整改项目。

4. 负责本专业特殊工种的安全技术培训和考核。

第8条 安全部的安全生产责任

1. 组织制定公司安全生产管理制度,贯彻国家关于安全生产的方针、政策、法律法规。

2. 编制安全生产规划和年度计划,做好公司安全性评价工作,定期提出安全评价报告。

3. 拟定安全生产责任制,负责与相关部门签订责任书,并对安全生产进行监督、检查、考核以及整改。

4. 组织安全事故调查工作,并参与事故分析,提出解决方法和预防措施。

第9条 技术部的安全生产责任

1. 编制或修订技术操作规程,保证工艺技术指标符合安全生产的要求,并经常督促、检查执行情况。

2. 配合生产部,做好生产人员的技术训练工作。

3. 负责组织工艺技术方面的安全检查,及时改进技术上存在的问题。

第10条 仓储部的安全生产责任

1. 负责仓库物资的保管、保养,做好仓库防火安全、防毒安全等工作,确保仓库与物资的安全。

2. 负责生产用劳动防护用品的发放,确保操作员工及时、按标准领到防护用品。

第11条 采购部的安全生产责任

1. 负责生产用物资的采购,所采购的物资具有一定危险性时,应及时通知仓储部及生产部。

2. 按国家规定,负责生产用劳动防护用品的采购工作,确保防护用品数量充足,符合国家技术规定。

第12条 财务部的安全生产责任

1. 按生产需要,制订安全生产所需设施、机具、物料等的经费预算。

2. 将审定的安全生产经费,列入年度预算,并督促、检查安全经费的使用情况。

3. 负责安全生产奖罚款项的收付工作,保证奖罚兑现。

第13条 人力资源部的安全生产责任

1. 对新入职人员及时组织安全教育,经考核合格后才可分配到车间;会同安全部组织对员工的安全技术教育及特种作业人员的培训、考核工作。

2. 把安全工作业绩纳入员工晋升、晋级和奖励考核内容。

3. 按国家规定，从质量和数量上保证安全生产人员的配备。

<h3 style="text-align:center">第4章　生产相关岗位的安全生产责任</h3>

第14条　车间主任的安全生产责任

1. 认真贯彻执行各项安全生产法规、制度和标准。

2. 负责制定车间安全技术规程和安全生产管理制度，编制车间安全活动计划和方案，并组织实施。

3. 定期或不定期对生产车间进行安全检查，确保生产设备、安全装置、防护设施处于完好状态。

第15条　专职安全管理员的安全生产责任

1. 在车间主任的领导下，负责车间的安全生产工作，协助车间主任贯彻上级安全生产的指示和规定。

2. 参与制定车间安全生产管理制度和安全技术操作规程，并检查执行情况。

3. 负责编制车间安全技术措施计划和隐患整改方案，并负责及时上报和检查落实。

4. 做好职工的安全思想、安全技术教育与考核工作，负责新入职人员的二级安全教育，负责检查班组的岗位三级安全教育工作。

5. 参加车间新建、改建、扩建工程的设计审查、竣工验收和设备改造、工艺条件变动方案的审查，使之符合安全技术要求，落实装置检修停工、开工的安全措施。

6. 负责车间生产设备、安全装置、消防设施、防护器材和急救器具的管理工作，使其保持完全良好状态。

7. 每天负责深入现场进行检查，及时发现隐患，制止违章作业。

第16条　班组长安全生产责任

1. 贯彻执行工厂和车间对安全生产的规定和要求，全面负责本班组（工段）的安全生产工作。

2. 组织职工学习并贯彻执行各项安全生产规章制度和安全技术操作规程，制止违章行为。

3. 组织并参加安全活动，坚持班前讲安全、班中检查安全、班后总结安全。

4. 负责班组安全教育，发现不安全因素及时组织力量消除并报告上级；发生事故立即报告，并组织抢救，保护好现场，做好详细记录。

5. 督促教育员工合理使用劳动保护用品、用具，并正确使用灭火器材。

第17条　操作员工安全生产职责

1. 认真学习并严格遵守各项规章制度，对本岗位安全生产负直接责任。

2. 不违反劳动纪律、不违章作业;有权拒绝违章作业的指令;对他人的违章作业加以劝阻和制止,无法制止的,及时向上级反映。

3. 做好各项记录,认真执行交接班制度,交接班时必须交接安全情况。

4. 妥善保管和正确使用各种防护器具和灭火器材,保证本岗位工作地点和设备工具的安全、整洁,不随便拆除安全防护装置,不使用自己不该使用的机械和设备。

第 5 章　附则

第 18 条　本制度由安全部制定、解释与修改,报总经理核准。

第 19 条　本制度自颁布之日起执行。

编制日期		审核日期		批准日期	
修改标记		修改处数		修改日期	

为了更好地落实安全生产责任制,企业还可通过奖惩的举措来强化该制度的执行。下文是某企业制定的"安全生产奖惩管理制度",供参考。

制度名称	安全生产奖惩管理制度		受控状态	
			编　号	
执行部门		监督部门	编修部门	

第 1 章　总则

第 1 条　目的

为了更好地贯彻执行安全生产方针,将安全生产目标与奖励、惩罚相结合,提高安全生产水平,促进企业生产安全的发展,特制定本制度。

第 2 条　适用范围

本制度适用于公司安全生产奖罚工作的管理。

第 3 条　职责

1. 安全管理部负责生产部安全奖罚的监督、调查、记录、上报,并协助其处理异常事件/安全事故。

2. 财务部负责管理生产安全奖罚资金的流动。

第 2 章　安全生产奖罚考评规则

第 4 条　考评时间

安全生产奖罚工作每年年底总结一次,考评结果在评选____日后公布。

第5条 考评内容

安全审查奖罚考核主要包括但不限于以下三个方面。

1. 事故控制情况。

2. 安全管理情况。

3. 生产现场情况。

第6条 考评程序

1. 安全生产委员会成立安全生产奖罚考评小组。

2. 安全生产奖罚考评小组对考评范围内各生产单位或个人进行考评。

3. 考评小组对各生产单位或个人履行的安全生产职责情况进行考评、汇总,并形成考核评定的初步意见,报安全经理研究做最终决定。

4. 安全经理根据考评最终结果主持安全生产奖罚会议,并公布相关人员的奖励与惩罚信息。

第3章 安全生产奖惩实施管理

第7条 安全生产奖励条件

各生产单位或个人有下列表现之一的,公司应给与奖励。

1. 认真贯彻、执行公司安全生产方针、制度的。

2. 坚守岗位在安全生产管理过程中有显著成绩的。

3. 在生产事故预防过程中做出杰出贡献或有显著成绩的。

4. 在生产过程中消除事故隐患,避免重大事故发生的。

5. 在生产安全技术方面提出重要建议,或有先进科学技术成果的。

6. 安全生产基础工作扎实,并有较强责任心,能够定期做好安全检查工作,并按要求落实好生产防护措施的。

7. 按照公司要求,做好安全管理工作并认真执行、记录公司生产安全管理方案的。

8. 生产各项项目管理工作成绩显著,且未曾发生人员重伤及财物、设施重大损害的集体,公司应给予所有成员一定的奖励。

第8条 安全生产惩罚条件

各生产单位或个人有下列行为之一的,公司应给予惩罚。

1. 未制定生产安全管理工作规章制度或安全管理体系不健全的。

2. 未按时召开生产安全培训或生产安全例会的。

3. 违规操作、擅离职守或未经允许私自操作特种作业导致经济损失的。

4. 故意损坏安全防护设备的。

5. 未按公司规定做好安全管理记录的。

劳务派遣服务操作实务手册（第二版）

6. 私自挪动、毁坏生产安全标志,导致重大损失的。

7. 没有定期做好安全生产工作检查,导致重大事故发生的。

8. 发现生产安全隐患后隐瞒不报或不及时处理解决的。

9. 故意制造生产安全事故或刻意损坏生产安全设施的。

10. 引起重大人员伤亡、巨额财产损失的,根据责任划分情况,承担相应处罚。

第9条 安全生产奖惩实施

1. 安全生产奖励实施

(1)对生产安全有特殊贡献的,应奖励现金__~__元,奖金额度根据贡献程度调整。

(2)对生产安全有重大贡献并阻止人员伤亡及财产损失的,应根据实际情况给予特别奖励__元。

2. 安全生产惩罚措施

(1)对于带来生产安全隐患或未及时消除隐患,但没有造成人员伤亡与财产损失的,给予相关人员警告处分及__元以下罚款。

(2)对于发生重大事故造成伤亡、财产损失的,公司根据实际情况对其实施__~__元罚款。

第4章 附则

第10条 本制度由安全管理部负责解释、补充及修订。

第11条 本制度自____年__月__日起实施。

编制日期		审核日期		批准日期	
修改标记		修改处数		修改日期	

8.3.2 用工管理中的劳动安全保护

(1) 建立员工保护制度

劳动保护制度指的是在生产过程中,为保护劳动者的安全和健康,改善劳动条件,防止职业病和工伤事故所采取的一系列措施。根据《劳动法》规定,企业人力资源管理人员应建立员工劳动保护制度。具体规定为:"用人单位必须建立、健全安全卫生制度,严格执行国家劳动安全卫生规程和标准,对劳动者进行劳动安全卫生教育,防止劳动过程中出现事故,减少职业危害。"下面对建立的员工劳动保护制度进行说明。

① 安全生产责任制。企业为了对各级领导、各职能部门、有关工程技术

人员和生产工人在生产中应负的安全责任进行规定，需要制定安全生产责任制度。《中华人民共和国安全生产法》（以下简称《安全生产法》）第四条规定把建立和健全安全生产责任制作为生产经营单位和企业安全管理必须实行的一项基本制度。

《安全生产法》第四条具体规定："生产经营单位必须遵守本法和其他有关安全生产的法律、法规，加强安全生产管理，建立、健全安全生产责任制和安全生产规章制度，改善安全生产条件，推进安全生产标准化建设，提高安全生产水平，确保安全生产。"

② 安全教育制度。为确保企业的安全，提高全员的自我保护和保护他人意识，在员工中牢固树立"安全第一"的思想，使员工懂得安全的基本知识。

企业人力资源管理人员需要制定安全教育制度。为了制定安全教育制度，人力资源管理人员需要安全教育制度的类型，具体类型如表8-3所示。

表8-3　安全教育制度的类型

教育类型	具体说明
入厂安全教育	新入厂人员都需要经过厂级、车间级（科级）、班组（工段）三级安全教育 新入厂人员主要包括新员工、临时工、外单位调入本厂人员
特殊教育	对于从事电气、锅炉、焊接、爆破等特殊工种的工人,必须进行专门的安全操作技术训练,经考试合格,取得特种作业证后,才能准许操作
日常安全教育	企业各级经理和各部门必须对员工开展经常性的安全教育,从而促使员工掌握新的安全知识和技能

下文是某企业制定的安全生产教育制度，供参考。

制度名称	安全生产教育管理制度		编　　号	
			受控状态	
执行部门		监督部门	编修部门	

第1章　总则

第1条　为了有效预防工伤事故及职业病的发生,提高员工的安全生产意识,普及安全生产知识,规范员工的操作行为,特制定本制度。

第2条　本制度适用于本工厂新入职员工。

第 3 条　管理职责。

1. 安全部负责厂级安全教育工作。

2. 车间主任负责车间级安全教育工作。

3. 班组长负责班组级安全教育。

4. 人力资源部负责做好员工的入职引导、培训考核等工作。

第 4 条　安全生产三级教育包括是厂级安全教育、车间级安全教育和班组级安全教育。

第 2 章　厂级安全教育

第 5 条　新员工入职报到后,由工厂安全员陪同到人力资源部领取"三级安全教育卡",安全部负责对其开展厂级安全教育。

三级安全教育卡

姓名		性别		年龄		文化程度	
进工厂日期		体检情况		工种		分配单位	
三级教育	厂级安全教育内容		车间级安全教育内容		班组级安全教育内容		
	教育起止日期		教育起止日期		教育起止日期		
	考试成绩		考试成绩		考试成绩		
	主考人(签字)		主考人(签字)		主考人(签字)		
师徒合同号		师傅签名			部门主管		
考试合格证号		发放日期			主办人		
个人态度			人力资源部意见				
准上岗人意见			领导意见(签字)				
备注							

第 6 条　厂级安全教育内容。

1. 工厂安全意识和安全保护重要性。

2. 工厂作业区域内特殊、危险位置及安全规定。

3. 工厂的安全工作发展史、生产特点、工厂设备分布情况。

4. 工厂历年典型的安全事故案例和教训。

5. 工厂安全生产责任制、安全生产奖惩条例、作业区内交通运输安全管理制度和防护用品管理制度等。

第7条　厂级安全培训时间一般设定为2天。

第8条　厂级安全教育考核的要求如下：

1. 新员工接受厂级安全教育后，人力资源部协同安全部需进行厂级安全教育考核，并将考核结果填在"三级安全教育卡"中。

2. 厂级安全教育考核一般采用试卷测试法；员工测试结果达到__分以上的，视为培训合格。

3. 人力资源需安排考核合格人员参加车间级安全教育；对于未合格者，需安排其再次接受厂级安全教育并补考。

第3章　车间级安全教育

第9条　厂级安全教育考核合格者在调入车间时，需接受由车间主任负责的车间级安全教育。

第10条　车间级安全教育的内容：

1. 车间的规章制度及劳动纪律，并重点学习劳动保护用品的使用要求及注意事项。

2. 本车间的生产特点、性质及安全生产情况与安全注意事项。

3. 本车间的工作特点、主要工种及可能存在的不安全因素。

4. 各车间历年发生的工伤事故案例和对典型事故案例的剖析，总结车间事故多发部位、原因、特殊规定和安全要求。

5. 安全生产文件和安全操作规程制度，教育新员工安全生产的要点和注意事项，及生产中应注意的事故预防知识和事故处理办法。

第11条　车间级安全教育时间一般设定为1天。

第12条　车间级安全教育考核要求如下：

1. 人力资源部协同安全部需对员工车间级安全教育进行考核，并根据考核结果填写"三级安全教育卡"。

2. 车间级安全教育考核的考核方式为试卷测试法。员工得分达到__分以上为考核合格，人力资源部安排其接受班组级培训；未达到者，人力资源部则需安排未合格者重新接受车间级安全教育并参加补考。

第 4 章　班组级安全教育

第 13 条　新调入人员进入车间班组后,由班组长或班组安全员负责对其开展班组级安全教育。

第 14 条　班组安全教育的内容:

1. 本岗位的安全操作规程和岗位责任,以及紧急处理险情的方法。

2. 本班组的生产特点、作业环境、危险区域、设备状况、消防设施等。

3. 本班组各岗位需要使用的机械设备、设备的性能、设备的维护及防护装置的使用技巧。

第 15 条　培训人员需让有经验的员工进行安全操作示范,并为受训人员重点讲解安全操作要领,明确说明怎样操作是危险的。

第 16 条　班组级安全教育时间一般设定为半天。

第 17 条　班组级安全教育考核要求如下:

1. 新员工接受班组级安全教育后,人力资源部应协同安全部组织对其进行评估考核,并填写"三级安全教育卡"。

2. 员工班组级安全教育的评估考核方法为试卷测试法与现场操作考核法相结合的方法,其中,试卷测试得分占 40%,现场操作考核得分占 60%。员工累计分数达到__分以上,为合格,班组则安排其正式上岗工作;考核未合格者,人力资源部则重新安排其再次接受班组级安全教育并补考。

第 18 条　三级安全教育完成后,各部门及安全部需在考核合格的员工"三级安全教育卡"上加盖部门公章,并交人力资源部存档备案。

第 5 章　附则

第 19 条　本制度由人力资源部负责制定、修改、补充、解释及执行情况的监督检查,安全部负责该制度的组织执行相关事宜。

第 20 条　本制度自____年__月__日起实施。

编制日期		审核日期		批准日期	
修改标记		修改处数		修改日期	

③ 安全作业证制度

为了规范危险性作业管理,预防事故发生,保护员工生命和财产安全,企业人力资源管理人员需要制定安全作业证制度。需要制定安全作业证制度的危险作业类型如图 8-8 所示。

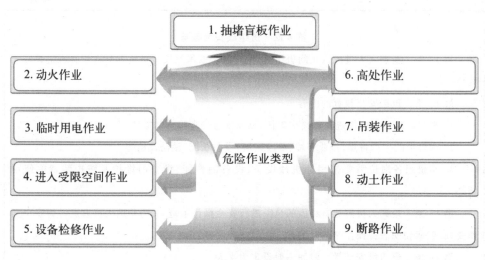

图8-8　危险作业类型

④ 安全生产检查制度。安全生产检查是推动企业开展劳动保护工作的有效措施。它包括企业本身对生产卫生工作进行的经常性检查，也包括由地方劳动部门、行业主管部门联合组织的定期检查。劳务派遣公司或用工企业需根据自身实际制定出完善的安全生产检查制度。

下面是某企业制定的一则"班组安全生产检查制度"，供参考。

制度名称	班组安全生产检查制度		受控状态	
			编　　号	
执行部门		监督部门	编修部门	

第 1 章　总则

第 1 条　目的

为了加强班组安全生产管理工作，提高班组组织、落实安全工作的能力，提升班组整体安全生产管理水平，特制定本制度。

第 2 条　适用范围

本制度适用于本企业各生产班组总体安全生产检查管理工作。

第 2 章　班组安全生产检查要求

第 3 条　总体检查要求

班组安全生产检查须明确检查内容、检查标准、检查方法、检查周期等，以便形成安全生产检查记录。

第 4 条　班组长检查要求

1. 班组长必须熟知本岗位安全生产操作规程,并督促本班组员工按规定穿戴好劳动防护用品。

2. 班组长应该对本班组生产设施设备、作业环境、作业规程执行情况进行定期检查,针对本班组检查结果,做好安全隐患预防及控制工作。

第 5 条　班组安全员检查要求

1. 班组安全员要对班组各生产员工劳动防护用品穿戴、工器具使用及安全规程执行情况进行检查。

2. 班组安全员须对班组生产作业环境进行检查,并对隐患控制和整改措施落实情况进行检查确认。

3. 班组安全员应对生产员工的安全生产工作执行情况进行监督检查。

第 6 条　生产员工检查要求

1. 生产员工在生产作业前,按照班组安全检查表对生产设备运行状态、工器具、安全防护器材完好情况以及生产作业环境安全进行确认。

2. 作业中,生产安全员要对生产设备运行状态、生产作业环境进行监控。

3. 生产作业结束后,生产员工要对生产设备运行状态、工器具、安全防护器材完好情况以及生产作业环境安全进行检查,并做好交接工作。

第 3 章　班组安全生产检查执行管理

第 7 条　确定检查内容

班组安全生产检查内容主要包括以下几个方面:

1. 生产现场环境检查;

2. 生产设备运行状态检查;

3. 生产物料状态检查;

4. 现场人员行为安全检查。

第 8 条　班组安全生产检查实施

生产车间主任组织各班组长在各自工作范围内,按时按点进行检查,严格执行安全生产检查工作,并将检查结果上报生产车间主任。

1. 车间班组长要做好生产现场环境的安全检查工作,其具体工作如下:

(1)生产作业场所是否存在不安全因素;

(2)安全出口是否通畅;

(3)登高扶梯、平台是否符合安全标准;

（4）产品的堆放、工具的摆放、设备的安全距离、操作员安全活动范围、电气线路的走向和距离是否符合安全要求；

（5）危险区域是否有护栏和明显标志。

2.车间班组长应定期检查设备、设施、工具、附件是否有缺陷和损坏，制动装置是否有效，安全间距是否合乎要求，机械强度、电气线路是否老化、破损，超重吊具与绳索是否符合安全规范要求，设备是否带"病"运转和超负荷运转等。

3.在生产开始前，班组长需要对生产物料状态进行安全检查，如遇生产材料、包装材料不符合质量、安全规定，应停止使用，并立即报告生产车间主任进行处理。

4.车间班组长要对生产现场人员的行为认真检查，检查有无违反劳动纪律的现象，如在作业场所工作时间打闹、精神不集中、酒后上岗、脱岗、睡岗、串岗等，并检查个人劳动防护用品的穿戴和使用情况。

第9条　班组安全生产检查总结

班组长每月要对本班组标准的执行情况进行一次全面的分析，查找生产员工违反标准的原因和规律，并组织研究整改措施。

第4章　班组安全生产检查奖惩管理

第10条　班组安检奖励

班组应对生产员工的以下行为进行安全奖励。

1.及时发现并排除安全隐患的，奖励＿＿＿＿元；

2.纠正或制止违章指挥、违章作业的，奖励＿＿＿＿元；

3.积极提报安全合理化建议的，奖励＿＿＿＿元；

4.在上级组织的重大安全生产活动中成绩突出的，奖励＿＿＿＿元；

5.积极参加突发事故救援的，奖励＿＿＿＿元。

第11条　班组安全惩罚

班组应对生产员工的以下行为进行安全惩处：

1.无故不参加班组安全活动的，处以＿＿＿＿元罚款；

2.上岗不按规定穿戴劳动防护用品的，处以＿＿＿＿元罚款；

3.违章操作、违反劳动纪律的，处以＿＿＿＿元罚款；

4.盲从违章指挥的，处以＿＿＿＿元罚款；

5.发现安全隐患或发生事故不及时报告的，处以＿＿＿＿元罚款；

6.其他违反班组安全管理制度的行为，处以＿＿＿＿元罚款。

续表

<table>
<tr><td colspan="6" align="center">第5章　附则</td></tr>
<tr><td colspan="6">第12条　本制度由安全管理部制定,解释权及修改权归安全管理部。</td></tr>
<tr><td colspan="6">第13条　本制度自颁布之日起执行。</td></tr>
<tr><td>编制日期</td><td></td><td>审核日期</td><td></td><td>批准日期</td><td></td></tr>
<tr><td>修改标记</td><td></td><td>修改处数</td><td></td><td>修改日期</td><td></td></tr>
</table>

⑤ 安全事故管理制度。为加强生产安全事故报告和调查处理,防止和减少生产安全事故,企业人力资源管理人员需根据《安全生产法》和《生产安全事故报告和调查处理条例》等法律法规制定安全事故管理制度。安全事故管理主要包括事故报告、事故调查、事故分析处理等一系列管理工作。

⑥ 职业健康管理制度。为了贯彻执行"预防为主,防治结合"的方针,保障员工在生产劳动过程中不受职业病危害因素的影响,预防职业病的发生,企业人力资源管理人员需根据职业健康管理相关规定制定职业健康管理制度,本制度主要包括以下内容。

a. 员工招聘健康检查。职业健康管理制度需规定员工在招聘录用前进行健康检查,以确保新员工身体健康。新招录员工健康检查主要包括血、胸片、尿检、血压、内外科、五官科等项目的检查。

b. 企业员工定期体检。《劳动法》第五十四条规定:"对从事有职业危害作业的劳动者应当定期进行健康检查。"这是必须遵守的。虽然国家没有强制规定所有企业需要为所有员工定期体检,但是人力资源管理人员应尽可能在企业条件允许的情况下制定规定,定期为员工进行定期体检。

⑦ 安全考核管理制度。安全考核制度是对企业全体人员定期进行安全管理规章制度和安全措施执行情况的检查,企业人力资源管理人员需要制定安全考核管理制度,以便根据安全工作考核的情况,对为安全工作作出贡献的人员给予表彰奖励,对忽视安全工作,造成损失的人员给予处罚。

(2) 员工职业健康防护

职业健康主要表现为工作中因环境及接触有害因素引起人体生理机能的变化。员工如出现职业健康问题就可能产生职业病。为了预防、控制和消除职业病危害,防治职业病,保护劳动者健康及其相关权益,企业人力资源管理人员可根据《职业病防治法》对员工进行职业健康防护。

① 职业病前期预防。企业为了保证员工的健康，需要做好职业病的前期预防工作。

a. 工作条件要求。企业人力资源管理人员首先需要保证企业的工作条件符合如图 8-9 所示的职业卫生要求。

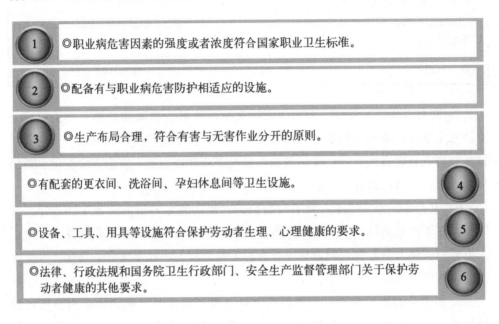

1　◎职业病危害因素的强度或者浓度符合国家职业卫生标准。

2　◎配备有与职业病危害防护相适应的设施。

3　◎生产布局合理，符合有害与无害作业分开的原则。

◎有配套的更衣间、洗浴间、孕妇休息间等卫生设施。　4

◎设备、工具、用具等设施符合保护劳动者生理、心理健康的要求。　5

◎法律、行政法规和国务院卫生行政部门、安全生产监督管理部门关于保护劳动者健康的其他要求。　6

图8-9　企业工作条件的职业卫生要求

b. 职业病危害项目申报。企业工作场所存在职业病目录所列职业病的危害因素的，应当及时、如实向所在地安全生产监督管理部门申报危害项目，接受监督。职业病危害因素分类目录由国务院卫生行政部门会同国务院安全生产监督管理部门制定、调整并公布。职业病危害项目申报的具体办法由国务院安全生产监督管理部门制定。

c. 职业病危害评价。新建、扩建、改建建设项目和技术改造、技术引进项目可能产生职业病危害的，建设单位在可行性论证阶段应当向安全生产监督管理部门提交职业病危害预评价报告。职业病危害预评价报告应当对建设项目可能产生的职业病危害因素及其对工作场所和劳动者健康的影响做出评价，确定危害类别和职业病防护措施。建设项目职业病危害分类管理办法由国务院安全生产监督管理部门制定。

② 劳动过程中的职业防护。

a. 劳动合同建立。企业人力资源管理人员与员工订立劳动合同时，应当将工作过程中可能产生的职业病危害及其后果、职业病防护措施和待遇等如实告知劳动者，并在劳动合同中写明，不得隐瞒或者欺骗。

b. 工作安排。企业人力资源管理人员在安排员工工作时，需要遵循如图8-10所示的规定。

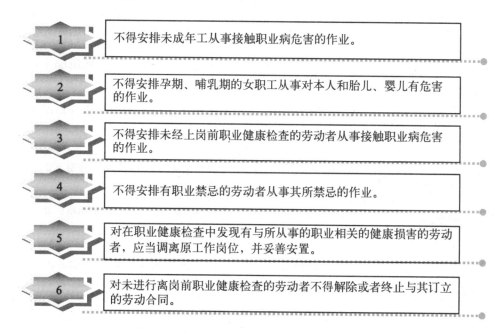

1	不得安排未成年工从事接触职业病危害的作业。
2	不得安排孕期、哺乳期的女职工从事对本人和胎儿、婴儿有危害的作业。
3	不得安排未经上岗前职业健康检查的劳动者从事接触职业病危害的作业。
4	不得安排有职业禁忌的劳动者从事其所禁忌的作业。
5	对在职业健康检查中发现有与所从事的职业相关的健康损害的劳动者，应当调离原工作岗位，并妥善安置。
6	对未进行离岗前职业健康检查的劳动者不得解除或者终止与其订立的劳动合同。

图8-10　工作安排的基本规定

c. 职业健康培训。企业人力资源管理人员应当组织对员工进行上岗前的职业卫生培训和在岗期间的定期职业卫生培训，普及职业卫生知识，督促劳动者遵守职业病防治法律、法规、规章和操作规程，指导劳动者正确使用职业病防护设备和个人使用的职业病防护用品。

③ 职业健康检查。对从事接触职业病危害的作业的员工，企业人力资源管理人员应当按照国务院安全生产监督管理部门、卫生行政部门的规定组织员工进行上岗前、在岗期间和离岗时的职业健康检查，并将检查结果书面告知员工。并且职业健康检查费用由企业承担。

企业人力资源管理人员应当为劳动者建立职业健康监护档案，并按照规定的期限妥善保存。职业健康监护档案应当包括劳动者的职业史、职业病危害接触史、职业健康检查结果和职业病诊疗等有关个人健康资料。员工离开时，索取本人职业健康监护档案复印件，企业人力资源管理人员应当如实、无偿提供，并在所提供的复印件上签章。

④ 职业病诊断治疗。发生或者可能发生急性职业病危害事故时，企业人力资源管理人员应当立即组织采取应急救援和控制措施，并及时报告所在地安全生产监督管理部门和有关部门。

对遭受或者可能遭受急性职业病危害的劳动者，企业人力资源管理人员应当及时组织救治、进行健康检查和医学观察，所需费用由用人单位承担。

在员工进行职业病诊断、鉴定过程中，企业人力资源管理人员应当如实提供职业病诊断、鉴定所需的劳动者职业史和职业病危害接触史、工作场所职业病危害因素检测结果等资料。

对于确诊为职业病的员工，企业人力资源管理人员应当按照规定处理职业病病人的职业病待遇。具体的待遇如图 8-11 所示。

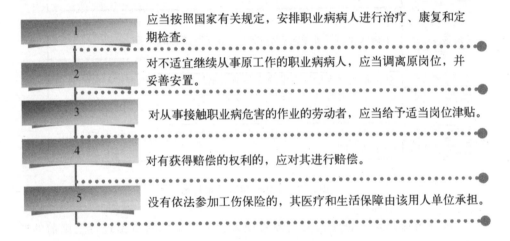

1 应当按照国家有关规定，安排职业病病人进行治疗、康复和定期检查。

2 对不适宜继续从事原工作的职业病病人，应当调离原岗位，并妥善安置。

3 对从事接触职业病危害的作业的劳动者，应当给予适当岗位津贴。

4 对有获得赔偿的权利的，应对其进行赔偿。

5 没有依法参加工伤保险的，其医疗和生活保障由该用人单位承担。

图8-11 职业病病人的职业病待遇

下文是某企业制定的"职业病预防管理制度"，供参考。

制度名称	职业病预防管理制度		受控状态	
			编 号	
执行部门		监督部门	编修部门	

第 1 章 总则

第 1 条 目的

为了有效控制职业健康危害因素，预防和消除职业健康危害，保护劳动者健康，保障劳动者的相关权益，特制定本制度。

第 2 条 适用范围

本制度适用于对公司生产作业人员的职业病防控管理。

第2章 职业病预防工作管理权限

第3条 安全管理部管理权限

安全管理部负责制定职业病预防工作计划和方案,并监督生产管理部对计划和方案的执行,对生产管理部环境安全防护进行指导和监控,保证生产作业环境的安全性。

第4条 生产卫生管理部管理权限

1. 生产卫生管理部门负责实施各项职业健康管理方案和措施。

2. 生产卫生管理部门监测本部的职业病危害因素,并指导员工正确使用劳动保护设施及个人防护用品。

第5条 其他部门管理权限

1. 采购部负责为生产部购买符合生产条件的各类劳动防护设施和个人防护用品。

2. 财务部负责对各类劳动防护设施和个人防护用品进行财务预算。

第3章 职业病危害因素种类

第6条 化学性因素

1. 生产性毒物。一般在生产过程中产生,主要有氯和氨等刺激性气体,还包括一氧化碳、氰化氢、铅、汞、苯、二硫化碳等。

2. 生产性粉尘。主要为悬浮在空气中的固体微粒,一般包括滑石尘、电焊烟尘、石棉尘、腈纶纤维尘、聚氯乙烯粉尘、玻璃纤维尘等。

第7条 物理性因素

物理性因素主要有以下3大方面:

1. 异常气象条件作业。

2. 生产作业中的噪声污染。

3. 电离射线辐射和非电离辐射。

第8条 生物性因素

生物性因素,指长期从事同一岗位所引起的与职业病形成有关的某些因素,例如细菌、寄生虫或病毒引起的某些疾病。

第9条 劳动安排有害因素

生产作业人员长时期疲劳生产、劳动精神过度紧张、劳动强度过大或生产安排不合理等。

第10条 生产环境因素

生产卫生条件,主要体现为生产车间布局不合理、劳动防护措施不当、个人防护用品匮乏等引起的各类职业疾病。

第 4 章　职业病防护措施

第 11 条　职业健康教育

安全管理部负责对公司员工进行职业健康教育培训，培训方式主要有以下 3 种。

1. 三级安全教育。即厂级职业健康教育、车间级职业健康教育、班组级职业健康教育。厂级职业健康教育内容应包括职业安全健康法律、法规，通用安全技术、职业健康和安全文化的基本知识，本公司职业安全健康规章制度及状况、劳动纪律和有关事故案例等多项内容。

2. 经常性职业安全健康教育，指经常性的安全思想和安全态度教育。

3. 特种作业人员的职业安全健康教育，指对特种作业人员上岗作业前进行专门的安全技术和操作技能的培训教育，经过国家统一考试并取得证书后方可上岗。

第 12 条　作业环境管理

生产部负责做好生产现场的环境管理，主要有以下 3 方面工作内容。

1. 生产作业现场管理人员要保证生产操作区域照明充足、布局合理、各类工艺装备物料堆放整齐、通道空间设置合理等。

2. 作业人员要正确使用各类生产设施，防止在劳动过程中发生各类工伤事故；正确使用各类防护用品，防止粉尘和有毒气体的侵害。

3. 生产作业现场管理人员应对各类防护装置、保险装置、信号装置、防爆炸设施定期检验，确保正常使用。

第 13 条　作业安全防护

生产作业人员应严格按照安全预防要求，合理佩戴防护用具，降低作业中职业危害因素对人体的伤害。

第 14 条　员工定期体检

安全管理部应组织各类生产人员进行定期体检，并做好相关记录，具体内容如下。

1. 对新员工上岗前进行体检；禁止有职业病的员工或者职业禁忌证者从事各危险行业。

2. 对从事有害作业员工按周期实施体检。

3. 当工作场所发生影响员工健康的危急情况时，对所有现场人员实施体检。

4. 员工离岗时，应进行健康体检。

5. 生产卫生管理部门对已确定患职业病员工，按职业病诊断规定时间，定期复查。

6. 建立员工职业健康档案，保证各类体检资料的完整性。

第 15 条　职业病处理

1. 在体检中发现职业病可疑病人，体检单位应立刻通知各生产部门，生产卫生管理部门根据可疑病人的职业危害接触史、作业现场卫生资料等，与职业病诊断机构进行确诊。

2. 被确诊职业病员工,在治疗后不得在原岗位继续从事工作,人力资源部应在一个月内另行安排工作。

3. 列入工伤统筹的职业病员工,医疗费用应由人力资源部按《工伤保险条例》要求办理相关手续。

4. 对因违反《职业病防治法》而造成的重大职业病危害的肇事责任人及部门,依法追究其经济与行政责任,触犯相关法律的,要追究责任人的相关法律责任。

5. 在对有害环境治理及职业病救助行动中作出显著成绩的单位及个人,按公司相关规定给予一定奖励。

第5章 附则

第16条 本制度经总经理办公会议审议通过后,自颁布之日起实施。

编制日期		审核日期		批准日期	
修改标记		修改处数		修改日期	

（3）女职工的劳动保护管理

为了减少女职工在工作中因生理特点造成的特殊困难,保护女职工的健康,劳务派遣公司和用工单位都应根据《女职工劳动保护特别规定》及其他有关法规,对其进行特别保护。

第 **9** 章 ▶▶

客户关系管理

9.1 客户关系的建立与维护

9.1.1　客户信息管理

（1）客户信息收集

客户信息管理是劳务派遣公司进行客户关系管理的基础，它涉及收集、存储、分析和利用客户的各种信息，其内容包括用工单位名称、关键联系人的联系方式、购买记录、偏好、反馈等。

通过有效的数据管理，劳务派遣公司可以更好地了解客户的需求和行为，从而提供更个性化、精准化的服务和定制化的解决方案。

一般来说，劳务派遣公司收集的客户信息至少需包括如表 9-1 所示的 4 个方面。

表9-1　信息收集的内容

收集的信息	内容说明
基础信息	如单位主要负责人和经办人的联系方式、个人爱好等
用工单位信息	如用工单位的规模、经营状况、发展前景、企业文化等
派遣员工信息	包括派遣员工的人数、岗位、在用工单位的所属部门所承担的角色和任务等
反馈信息	通过定期拜访、调查问卷、线上访谈等形式了解用工单位的满意度及其他意见或建议

（2）客户信息分析

客户信息分析，是指为了解客户价值及客户需求情况，运用定性或定量的研究方法，对所收集客户信息的整理、鉴别、分析、综合等加工过程。

① 客户信息分析内容。具体来说，客户信息分析包含如表 9-2 所示的 4 个方面的内容。

表9-2　客户信息分析内容说明表

分析内容	主要说明
基本信息分析	客户名称、联系方式、地址、行业、规模等。这些信息可以帮助企业更好地了解客户基本情况，为后续的客户分析提供基础数据

分析内容		主要说明
客户盈利能力分析		即分析客户为本公司创造价值的能力，其分析主要从客户资本、经济状况等方面进行评估
客户所处的竞争环境分析		充分了解客户所处的行业和竞争环境，了解他们面临的挑战，以及他们对劳务派遣服务的需求，这样便于劳务派遣公司为其提供更精准的服务
客户特征分析	客户行为习惯分析	根据客户购买记录识别客户的价值，主要用于根据价值来对客户进行分类
	客户意见分析	根据不同的客户对派遣业务所提出的各种意见，以及当各种新项目或服务推出时的不同态度来确定客户对新事物的接受程度

通过客户信息分析，劳务派遣公司可以深入了解客户需求和行为，制定精准的营销和服务策略，促进公司业务增长。

② 客户信息分析的方法。常用的客户信息分析方法主要包括分类分析法、聚类分析法、关联分析法和序列分析法，具体如图 9-1 所示。

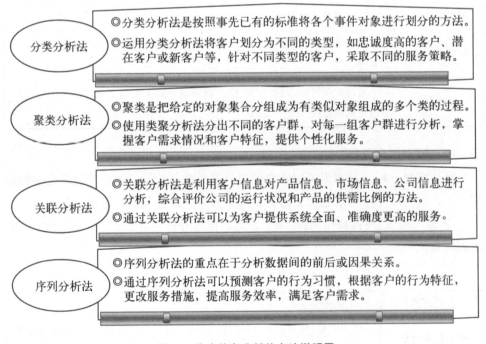

图9-1 客户信息分析的方法说明图

③ 需避免的问题。对收集到的客户信息进行分析时，需避免如下 3 个问题。

a. 信息量大，准确度不高。

随着劳务派遣公司获取信息能力的不断提高，信息获取量不断扩大，但是往往缺乏有效信息分析的手段，使得信息分析的准确度较低，从而影响信息分析的效率。

b. 信息分析的结果反馈不及时。

由于劳务派遣公司内部反馈机制不健全，导致客户信息分析结束后，分析结果不能及时地反馈给相关部门，从而不能及时地了解客户需求情况，降低决策效率。

c. 对客户历史数据的分析不够重视。

客户信息分析人员常常忽略客户历史数据，只保存短期数据，且不同数据的保存期限也不同，从而导致信息分析缺乏全面的数据，影响分析效果。

（3）客户信息管理风险

为加强公司客户信息的保护和利用，劳务派遣公司需要进行客户信息管理工作。在这个过程中可能涉及的风险如表 9-3 所示。

表9-3 客户信息管理主要风险点说明表

环节	风险点说明
客户信息采集	①客户信息调查问卷设计不当,导致有效问卷回收率低 ②客户信息采集方式、范围确定不当,导致未能收集全面的信息
客户信息分析	①客户信息分析不准确,未剔除无效信息 ②客户信息分析不全面,仅对某一方面进行分析,降低客户信息的利用率 ③客户信息分析报告编制不及时,导致相关部门不能及时知晓并利用客户信息
客户信息泄密	①相关人员将客户信息泄密未经客户同意的第三方,导致客户对企业满意度及信任度降低 ②相关人员将客户信息泄密给竞争对手知晓,导致企业客户流失

9.1.2 客户分级管理

对客户进行分级管理是很多劳务派遣公司较为常用的一种管理方法，这有助于企业更有针对性地开展营销活动、提供服务和分配资源，进而提高公司利润。

（1）划分依据

劳务派遣公司一般会根据客户的价值、潜在的业务机会等因素，将客户分为不同的等级。具体内容如表9-4所示。

表9-4　客户分级划分的依据

划分依据	内容说明
项目金额	统计公司近一段时间,如一年或者两年的客户下单金额,然后,按照客户下单金额从大到小,进行排列
对企业利润的贡献率	测算该客户给公司创造了多少的利润,再以利润的大小进行排名,设置优先级的排名
业务合作频率	根据客户与劳务派遣公司业务合作的频率高低划分等级
客户的信用状况	主要查看客户最近一段时间的付款情况是否及时,是否有拖延及拖延的天数与原因,然后根据这些因素,来判定客户的级别
行业影响力	根据客户所在行业在市场上的影响力和地位划分等级
客户的发展前景	这主要针对新客户,劳务派遣公司通过考察、多方面渠道了解等方式,挖掘客户的潜在价值,据此划分客户的优先级别

需要说明的是，以上因素都只是从一个方面进行评估，若据此对客户等级进行划分，其结果难免失之偏颇。如某个客户信用状况很好，但与劳务派遣公司合作的项目金额却不大，就算其信用状况最好，其也没有给企业带来更大的价值，所以该客户也不一定是价值高的客户。管理实践中，劳务派遣公司往往采取综合加权的方法进行计算，即对选取的因素设置权重，以此计算结果进行客户等级划分。

（2）客户分级的方法

管理实践中，劳务派遣公司对其客户进行分级，可采取如表9-5所示的4种方法。

表9-5　客户分级的方法

方法	方法说明
ABC分级法	根据客户的销售额或利润进行分类,将销售额或利润最高的客户定义为A类客户,次之为B类客户,最低的为C类客户。这种方法注重客户的收入贡献度,便于重点关注与对待高价值客户

方法	方法说明
RFM 分级法	RFM 是 Recency(最近购买时间)、Frequency(购买频率)和 Monetary(购买金额)的缩写。根据客户最近的购买时间、购买的频率以及购买的金额,将客户进行分级。这种方法注重客户的消费习惯和忠诚度
综合评估法	根据客户的多个指标进行综合评估,包括销售额、利润、购买频率、购买金额、市场份额、行业地位等,将客户分为高级别、中级别和低级别。这种方法综合考虑客户的多个方面,更全面地判断客户的价值和潜力
市场份额法	按照客户在整个市场中的份额大小进行分类,将市场份额最高的客户定义为重要客户,次之为潜力客户,最低的为一般客户。这种方法注重客户在市场中的地位和影响力
客户生命周期法	根据客户的不同生命周期阶段进行分类,包括潜在客户、新客户、成长客户、成熟客户和衰退客户等。根据不同阶段的客户需求,制定相应的管理策略

（3）实施流程

劳务派遣公司对客户进行分级管理,需有一套完善的流程,客户分级管理实施流程如图 9-2 所示。

9.1.3 客户关系维护

客户关系维护贯穿劳务派遣服务的整个过程,它不单单是为了促成业务合作。良好的客户关系能让客户获得好的体验感,进而为劳务派遣公司带来稳定的、忠诚度高的客户群体,从而为公司带来更多的收益。

（1）客诉处理

① 明确客户投诉的原因。造成客户投诉的原因有很多,具体内容如图 9-3 所示。

劳务派遣公司在对其进行分析时通常使用"鱼骨图"分析法,就是将造成某项结果的众多原因,以系统的方式进行图解,即以图表的方式来表明出现此种结果的各项原因,然后找出最主要的原因。

② 投诉处理的步骤。

投诉处理是指通过各种途径对客户投诉问题进行接待、记录、处理、反馈的过程。在处理客户投诉的时候,劳务派遣公司不仅要为客户解决问题,还要避免对企业口碑造成不良影响。

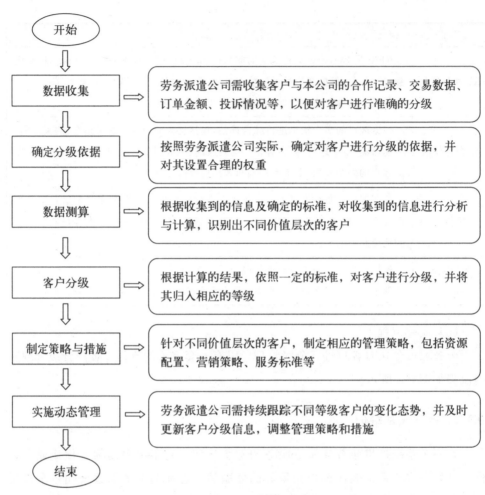

图9-2　客户分级管理实施流程

开始

数据收集 ⇒ 劳务派遣公司需收集客户与本公司的合作记录、交易数据、订单金额、投诉情况等，以便对客户进行准确的分级

确定分级依据 ⇒ 按照劳务派遣公司实际，确定对客户进行分级的依据，并对其设置合理的权重

数据测算 ⇒ 根据收集到的信息及确定的标准，对收集到的信息进行分析与计算，识别出不同价值层次的客户

客户分级 ⇒ 根据计算的结果，依照一定的标准，对客户进行分级，并将其归入相应的等级

制定策略与措施 ⇒ 针对不同价值层次的客户，制定相应的管理策略，包括资源配置、营销策略、服务标准等

实施动态管理 ⇒ 劳务派遣公司需持续跟踪不同等级客户的变化态势，并及时更新客户分级信息，调整管理策略和措施

结束

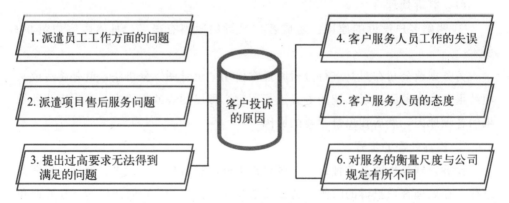

1. 派遣员工工作方面的问题

2. 派遣项目售后服务问题

3. 提出过高要求无法得到满足的问题

客户投诉的原因

4. 客户服务人员工作的失误

5. 客户服务人员的态度

6. 对服务的衡量尺度与公司规定有所不同

图9-3　客户投诉原因分析

在实施过程中，劳务派遣公司在处理客户投诉时首先应确定投诉的主要原因，然后有针对性制定解决措施和方案，进行客户投诉的处理。具体处理时可参考以下步骤。

a. 仔细倾听，稳定情绪。

当客户发起了投诉，必然是他对劳务派遣公司的服务有不满意之处，所以往往会伴随着负面情绪。那么，在收到客户投诉时，劳务派遣公司应以肯定的态度诚恳地听其说完，平息客户怨气。

在这一环节，劳务派遣公司人员应准确记录所有相关信息，包括投诉的时间、地点以及投诉的详细内容（客户投诉记录表见表9-6）。这一步是确保对投诉有全面了解的基础，有助于后续的调查和回应。

表9-6　客户投诉记录表

投诉登记与处理	时间		客户		
	联系电话		投诉方式		
	投诉原因/内容				
	责任部门				
	处理时限				
	处理意见				
满意度调查	回访时间		回访方式		回访人员	
	客户意见				

b. 诚意道歉，平息不满。

如果在客户投诉即将发生时或发生的初期就能够及时平息对方的不满，往往能起到事半功倍的效果。如何平息客户的不满呢？真诚道歉，不失为一良方。

c. 了解分析，提出方案。

对于客户的投诉，劳务派遣公司应一方面核对情况，另一方面尽可能地按照客户的希望来处理。但要注意的是，要在不损害公司利益和客户利益的前提下妥善解决。

对于那些出现过的、常见的投诉问题，劳务派遣公司只需要依照现有的工作流程进行处理。如果客户投诉的问题是不常见的，可以记录下来并告知客户接下来会有该方面的专业人员与其沟通并予以解决。

d. 执行方案，反馈改进。

解决问题后，要及时向客户提供反馈。同时，要认真总结投诉处理的经验教训，分析问题出现的原因，并提出相应的改进措施，以防止类似问题的再次发生。

③ 客户投诉处理技巧。

掌握客户投诉处理技巧可以让事情取得事半功倍的效果，下面简要地介绍了其中的 3 个要点。

a. 先处理情绪，再解决问题。

b. 迅速采取行动。

c. 客户投诉的处理必须付诸行动，不能单纯地同情和理解，要迅速地给出解决的方案。

④ 客户投诉工作考核。在对投诉处理工作进行考核时，可采用以下指标，具体内容如下。

a. 客户投诉响应及时率/响应时间。

b. 处理意见回复及时率。

c. 客户投诉解决率。

d. 客户回访率。

e. 客户投诉解决满意率。

（2）客户关系维护技巧

劳务派遣公司可以通过客户拜访、售后服务等方式，巩固及进一步发展与客户长期、稳定的关系。下面提供了 6 种技巧。

① 信息共享。劳务派遣公司需积极地将各种有利的信息提供给客户，包括最新的行业信息、市场动态等。

② 定期回访客户。劳务派遣公司需对潜在客户、目标客户以及老客户进行定期回访，通过回访与客户进行互动沟通，在完善客户数据库、维护客户关系的同时，也为进一步的业务拓展做好铺垫准备。

③ 节假日送祝福。劳务派遣公司可以在国家法定年假日期间向客户表达节日的祝福并赠送带有公司特色的小礼品，表示对客户的重视。

④ 做好售后跟进工作。劳务派遣公司可以通过发送电子邮件、短信、社交媒体等方式，了解用工单位对派遣项目的意见，并及时回应客户的问题和需求。

⑤ 持续改进。不断改进企业产品和服务质量，以满足客户的需求和期望，

也是维护好客户关系的重要方式。劳务派遣公司应该始终关注客户反馈和市场变化，及时调整产品和服务策略，以提高客户满意度和忠诚度。

⑥ 提供定制化的服务。劳务派遣公司可以根据客户的需求和偏好，提供定制化的产品和服务。同时，劳务派遣公司通过了解市场和客户的需求的方式更好地提供个性化服务。

9.2 客户关系管理技术

9.2.1 客户关系管理系统

劳务派遣公司使用客户关系管理系统可以显著提高业务效率、客户满意度，以及为公司创造更多的商业机会。

客户关系管理系统可根据不同的划分依据分为以下几种，具体如表 9-7 所示。

表9-7 客户关系管理系统分类说明表

划分依据	分类	具体说明
客户的类型	B2B 客户关系管理系统	管理对象为企业客户
	B2C 客户关系管理系统	管理对象为个人客户
管理侧重点	操作型客户关系管理系统	支持客户关系管理系统日常作业流程的每个环节
	分析型客户关系管理系统	侧重于数据分析

客户关系管理系统的主要功能包括客户信息管理、销售管理、营销管理、客户服务管理。下面将介绍劳务派遣公司使用客户关系管理系统所需的关键功能。

（1）客户信息管理

客户关系管理系统通过集中管理客户信息，包括用工单位信息、双方签订的协议、服务记录等，便于劳务派遣公司能更好地了解客户需求，并有针对性地提供服务。

（2）销售管理

关于销售管理，客户关系管理系统包括潜在客户、现有客户、业务机会、订单、回款单、报表统计图等模块，其中的业务提醒、销售漏斗分析、业绩指标统计、业务阶段划分等功能可以有效帮助劳务派遣公司管理人员提高整个公司的成单率、缩短销售周期，从而实现最大效益的业务增长。

（3）营销管理

客户关系管理系统中的营销管理这一模块能有效帮助劳务派遣公司市场人员分析现有的目标客户群体，从而帮助市场人员进行精确的市场投放。另外，通过有效分析每一次市场活动的投入产出比，并统计出所有市场活动的效果报表，便于更直观地显现其成果。

由于客户关系管理系统具备市场分析和个性化营销功能，通过数据分析和客户洞察，它帮助劳务派遣公司了解客户需求和行为，并制定相应的个性化营销策略。系统可以根据客户特征和偏好，发送定制化的营销信息，为劳务派遣公司获得了更多的销售机会。

（4）客户服务管理

为客户提供和交付卓越的服务是劳务派遣公司的关键任务之一。客户关系管理系统可以帮助管理服务请求和问题，确保高质量的客户支持。另外，客户关系管理系统还能对客户的投诉、咨询、建议等互动进行跟踪处理，有助于提高客户满意度。

通过这些功能，劳务派遣公司能够更好地了解客户需求，提供个性化的服务，优化销售流程，提升客户满意度和忠诚度。

9.2.2　大数据在客户关系管理中的应用

随着互联网技术的不断发展，劳务派遣公司愈发重视客户关系管理的重要性。而大数据已成为提升客户关系管理系统作用的重要工具，以下是大数据在客户关系管理中的关键应用。

（1）优化客户体验

大数据技术可以帮助劳务派遣公司收集、存储、处理和分析客户数据，并通过实时分析客户数据，劳务派遣公司可以及时发现并解决客户的问题，同时根据客户的反馈，持续改进服务，提升客户体验。

（2）客户需求预测

大数据技术可用于根据过去的数据来预测未来的客户行为。例如，可以利用客户的浏览和购买历史数据来预测他们可能对哪些产品或服务感兴趣。

比如，某劳务派遣公司利用对大数据的分析给客户发送个性化信息推送服务。若客户曾经在公司的网站上查看过某类业务而后续没有与本公司联系，则有几种可能：①对本公司的信任度不够；②价格不合适；③未提供其想要的派遣服务项目；④只是看看。

若属于①③的情况，该公司会让本公司员工通过线上沟通的方式与用工单位进行沟通，让对方逐步增进对本公司业务的了解或更深入了解客户的派遣服务需求，增进互信；若属于②的情形，则在该项目有更优惠的活动时通知客户；同时，在引入和该项目相类似或相关联的派遣服务时温馨告知客户。

（3）降低客户关系维护成本

大数据技术可以帮助劳务派遣公司准确地分析客户的偏好和行为，可以针对性地推出符合其合理需求的派遣服务项目，从而实现精准营销，避免无效投入。

（4）市场趋势预测

大数据分析技术可以帮助劳务派遣公司预测市场趋势和客户需求变化，提前调整战略和产品规划。这种前瞻性策略有助于企业保持竞争优势，抓住市场机遇。

第**10**章 ▶▶

劳务派遣风险与合规管理

10.1 劳务派遣风险管理

10.1.1 规避违规派遣

（1）再派遣的风险与防范

① 再派遣的相关规定。

《劳动合同法》第六十二条中规定："用工单位不得将被派遣劳动者再派遣到其他用人单位。"从条文上看，派遣单位是用人单位，被派遣单位是用工单位，也就是说，被派遣的用工单位不能再将劳动者派遣到其他单位工作。

同时该法第九十二条有这样的规定："劳务派遣单位、用工单位违反本法有关劳务派遣规定的，由劳动行政部门责令限期改正；逾期不改正的，以每人五千元以上一万元以下的标准处以罚款，对劳务派遣单位，吊销其劳务派遣业务经营许可证。用工单位给被派遣劳动者造成损害的，劳务派遣单位与用工单位承担连带赔偿责任。"并且《劳务派遣暂行规定》第二十条也对此作出了相应规定："劳务派遣单位、用工单位违反劳动合同法和劳动合同法实施条例有关劳务派遣规定的，按照劳动合同法第九十二条规定执行。"

根据以上法律条款规定，用工单位都不能将派遣到本单位的员工再派遣到其他用人单位。

② 风险防范。

《劳动合同法》第六十六条规定："劳动合同用工是我国的企业基本用工形式。劳务派遣用工是补充形式，只能在临时性、辅助性或者替代性的工作岗位上实施……用工单位应当严格控制劳务派遣用工数量，不得超过其用工总量的一定比例，具体比例由国务院劳动行政部门规定。"这说明劳务派遣只是劳动力市场的一种补充形式，而目前的再派遣行为恰恰违背了这一法律规定。如果用人单位违反这一规定，那么不仅无法实现规避风险、降低成本的目的，而且还可能为此受到相应的处罚。

（2）跨区派遣操作与风险防范

① 跨区派遣操作。

《劳动合同法》第六十一条规定："劳务派遣单位跨地区派遣劳动者的，被派遣劳动者享有的劳动报酬和劳动条件，按照用工单位所在地的标准执行。"说明劳务派遣单位可以跨区域进行劳务派遣业务，但在劳动报酬和劳动条件方面，应按照用工单位所在地的标准执行。同时，由于各省市对劳务派遣也有相应的具体办法，因此，在《劳动合同法》的规定之下，劳务派遣单位还需考虑被派遣劳动者所在省市的相关规定。例如《广东省劳务派遣规定》第十七条规定："劳务派遣单位在注册地以外的地级以上市派遣劳务的，应当在用工单位所在地设立依法取得营业执照的分支机构，被派遣者在用工单位所在地参加社会保险。"根据《广东省劳务派遣规定》第十七条的规定，被派遣者的社会保险的缴纳也需在用工单位所在地进行。

② 风险防范。

由于经济发展的差异性，各省市劳动报酬、劳动条件以及社会保险等方面的标准也有所不同。同时为了节省成本，劳务派遣单位和用工单位也会采用跨区劳务派遣的方式，但《劳动合同法》对该行为进行了规制，对于跨区派遣的，应该按照用工单位所在地的标准执行。因此，劳务派遣单位在进行跨地区劳务派遣业务的同时，应仔细了解用工单位所在地的省或自治区、直辖市的相关规定，以免使得最终双方由双赢转为双输的局面。

10.1.2　规范解除劳务派遣关系

（1）被派遣员工的退工管理

【案例导读】 某证券公司与劳务派遣单位签订了劳务派遣协议，负责都证券公司派遣销售人员。该劳务派遣单位将刘女士等派往证券公司从事销售工作。最近刘女士发现自己怀孕了，于是将这一情况告知证券公司及派遣单位，方便后来休产假。可证券公司知晓后，以她无法从事当前工作为由，想将其在派遣期内退回劳务派遣单位，刘女士想知道，在什么情况下用工单位可退回被派遣人员到劳务派遣单位？

【法律解析】 根据《劳动合同法》第三十九条、第四十条、第六十五条等法律法规规定，以及《劳务派遣暂行规定》的相关规定，在下列情形之一且证据充足又不符合《劳务派遣暂行规定》第十二条等规定的被派遣劳动者不得退回的情况的，用工单位可以将被派遣劳动者退回劳务派遣单位。

① 劳务派遣用工关系建立时所依据的客观情况发生重大变化，致使劳务派遣用工无法履行，用工单位提出退回的。

② 用工单位依照企业破产法规定进行重整，需退回派遣人员的。

③ 用工单位生产经营发生严重困难，需退回派遣人员的。

④ 用工单位转产、重大技术革新或者经营方式调整，需退回派遣人员的。

⑤ 其他因劳务派遣用工关系建立时所依据的客观经济情况发生重大变化，致使无法继续劳务派遣用工，用工单位需退回的。

⑥ 用工单位被依法宣告破产、吊销营业执照、责令关闭、撤销、决定提前解散或者经营期限届满不再继续经营的。

⑦ 劳务派遣协议期满终止的。

但根据《劳务派遣暂行规定》第十三条规定，被派遣女劳动者在孕期、产期、哺乳期的，在派遣期限届满前，用工单位不得依据本规定第十二条第一款的规定将被派遣劳动者退回劳务派遣单位；派遣期限届满的，应当延续至相应情形消失时方可退回。因此，案例中的证券公司不得将怀孕的刘女士以"怀孕不适合从事现在工作"为由退回派遣单位。被派遣劳动者不得退回的情形如图10-1所示。

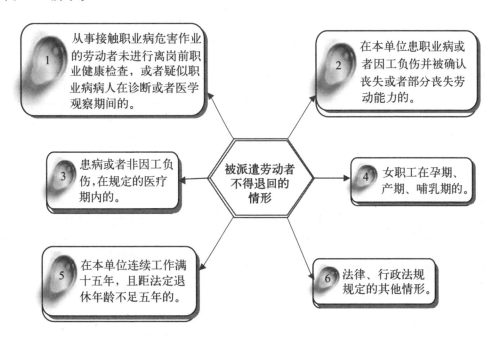

图10-1 被派遣劳动者不得退回的情形

用工企业将被派遣员工退回至劳务派遣公司，需遵循一定的流程与工作规范，下面提供了一则示范。

劳务派遣服务操作实务手册（第二版）

流程编号		流程名称	用工退回受理服务流程	
编制人员		审核人员		生效日期	
流程主办者		人力资源部		

流程事项对应说明	流程示意图
1. 派遣事业部收到用工单位的"预退回人员通知单"，并对相关内容的完整性、规范性进行审核，符合要求的予以受理	1. 受理"预退回人员通知单"
2. 经审核受理的"预退回人员通知单"，派遣事业部安排专人进行事实的调查与验证	2. 事实调查与验证
3. 经验证符合退回条件的，派遣事业部与用工单位、被派遣员工结算工资，需转移社保关系的应及时通知社会保险部为该员工办理转移手续	3. 工资结算及社保关系转移
4. 派遣事业部与用工单位、被派遣员工办理退回手续，并做好相关文件的签字、审批及存档工作	4. 办理被派遣员工退回手续
5. 派遣事业部及时与人才推荐部做好退回员工的再派遣工作安排，做好后续交接工作	5. 退回员工安排及处理
6. 派遣事业部处理好本单位与被派遣员工、本单位与用工单位之间的劳动争议，维护我方合法利益	6. 劳动争议处理

制度名称	被派遣员工退回受理服务规范	编制部门	
		执行部门	

第 1 条　目的

为规范本公司员工被用工单位退回的受理、赔偿及后续处理，明确本公司、用工单位、派遣员工应承担的责任及义务，建立良好、有序、规范的劳务派遣合作关系，参照有关法律法规内容，特制定本规范。

第 2 条　适用范围

本规范适用于被派遣员工的退回管理。

第3条　用工单位将存在如下情形的被派遣员工退回本公司时,派遣事业部应安排专人进行事实的调查与验证,在证据确凿的情况下予＿＿＿个工作日内办理好退回手续,且不得向用工单位要求经济补偿。

1. 被派遣员工在试用期内被证明不符合录用条件的。

2. 被派遣员工严重违反用工单位的规章制度和劳动纪律的。

3. 被派遣员工严重失职、营私舞弊,给用工单位的利益造成重大损害的。

4. 被派遣员工与第三方建立劳动关系,对用工单位工作造成严重影响,或经用工单位提出拒不改正的。

5. 被派遣员工以欺诈或胁迫的手段,致使本公司在违背真实意思的情况下订立或变更劳动合同的。

6. 其他符合政策规定的情形。

第4条　用工单位将有下列情形之一的被派遣员工退回本公司时,派遣事业部应要求其提前40日提交书面的"派遣员工退回通知单",并向本公司支付经济补偿,否则不予办理退回。具体经济补偿标准参照双方签订的劳务派遣协议。

1. 被派遣员工因病或非因工负伤的医疗期满后,不能从事原工作,也不能从事用工单位另行安排的工作的。

2. 用工单位提供的证据证明被派遣员工不能胜任派遣岗位工作,且经用工单位调岗或培训后仍不能胜任工作的。

3. 经本公司、用工单位和被派遣员工协商,达成书面协议同意解除派遣的。

4. 劳务派遣协议订立时所依据的客观情况发生重大变化,致使劳务派遣协议无法履行,经本公司、用工单位、被派遣员工协商,未能就变更劳务派遣协议内容达成协议的。

5. 用工单位依照企业破产法规定进行重整的。

6. 用工单位生产经营发生严重困难的。

7. 用工单位转产、重大技术革新或者经营方式调整,经变更劳务派遣协议后,仍需裁减人员的。

8. 用工单位被依法宣告破产、吊销营业执照、责令关闭、撤销、决定提前解散或者经营期限届满不再继续经营的。

9. 其他因劳务派遣协议订立时所依据的客观经济情况发生重大变化,致使劳务派遣协议无法履行的。

10. 被派遣员工的派遣期限届满而终止派遣的。

第5条　被派遣员工有以下情形之一时,在派遣期限届满前,用工单位提出退回的,派遣事业部不予受理。派遣期限届满的延续至相应情形消失时,派遣事业部方可受理退回。

1. 从事接触职业病危害作业的被派遣员工未进行离岗前职业健康检查，或者疑似职业病病人在诊断或者医学观察期间的。

2. 在用工单位患职业病或者因工负伤并被确认丧失或者部分丧失劳动能力的。

3. 患病或者非因工负伤，在规定的医疗期内的。

4. 女职工在孕期、产期、哺乳期的。

5. 在本公司连续工作满 15 年，且距法定退休年龄不足 5 年的。

6. 法律、行政法规规定的其他情形。

第 6 条　退回后处理规定

1. 被派遣员工退回后在无工作期间，本公司应按照不低于所在地人民政府规定的最低工资标准，向其按月支付报酬。

2. 跨地区劳务派遣被退回需转移社保关系的，派遣事业部应及时通知社会保险部为退回员工办理社保转移手续。

3. 派遣事业部应及时与人才推荐部做好退回员工的工作交接及再派遣工作安排。

4. 被派遣员工因本规范第 4 条第 4～10 项规定被用工单位退回，人才推荐部重新派遣时维持或提高劳动合同约定条件，被派遣员工不同意的，本公司可以与其解除劳动合同。

5. 被派遣员工因本规范第 4 条第 4～10 项规定被用工单位退回，人才推荐部重新派遣时降低劳动合同约定条件，被派遣员工不同意的，本公司不得与其解除劳动合同。但被派遣员工提出解除劳动合同的除外。

第 7 条　退休退回规定

用工单位可将达到法定退休年龄或已经开始享受基本养老保险待遇的被派遣员工退回本公司，派遣事业部应予以受理。

第 8 条　退回责任追究

1. 用工单位违反本规范退回被派遣员工，给被派遣员工造成伤害的，派遣事业部需与用工单位协商，要求其承担连带赔偿责任；协商不成的，可酌情申请仲裁或诉讼。

2. 因被派遣员工自身因素（如不服从用人单位管理，违反用人单位规章制度等）被用人单位退回的，公司保留对其追究的权利，情节严重的公司有权与其解除劳动合同。

第 9 条　本规范未尽事宜按照国家相关规定执行。在执行过程中如发生异议，任何一方都可向企业调解委员会申请调解，也可直接向劳动争议仲裁机构申请仲裁或者向法院申请诉讼。

第 10 条　本规范自____年__月__日起施行。

编制日期		审核日期		批准日期	
修订标记		修订处数		修订日期	

（2）被派遣员工的辞职管理

【案例导读】小李是某劳务派遣公司派遣到 B 公司从事程序编写工作的一名员工，在工作了两个多月之后，小李感觉公司待遇不好，并且工作压力比较大，于是向公司提出了辞职，但由于其负责的一个项目正处于关键期，公司不想让他离职，便以劳务派遣协议中被派遣员工不得随意辞职为由，拒绝小李的辞职要求。对此，小李感到不理解，想知道事实真的是这样吗？

【案例解析】本案例涉及被派遣员工辞职权的问题，劳务派遣作为一个特殊的用工形式，根据《劳动合同法》第六十五条第一款的规定，被派遣劳动者可以依照本法第三十六条、第三十八条的规定与劳务派遣单位解除劳动合同。同时《劳务派遣暂行规定》第十四条也对劳务合同的解除做了相关规定。相关的法律法规如表 10-1 所示。

表10-1　被派遣员工单方解除劳动合同的相关法律法规

相关法律文件	条款	具体内容
《劳动合同法》	第三十六条	用人单位与劳动者协商一致，可以解除劳动合同
	第三十八条	用人单位有下列情形之一的，劳动者可以解除劳动合同： （一）未按照劳动合同约定提供劳动保护或者劳动条件的； （二）未及时足额支付劳动报酬的； （三）未依法为劳动者缴纳社会保险费的； （四）用人单位的规章制度违反法律、法规的规定，损害劳动者权益的； （五）因本法第二十六条第一款规定的情形致使劳动合同无效的； （六）法律、行政法规规定劳动者可以解除劳动合同的其他情形。用人单位以暴力、威胁或者非法限制人身自由的手段强迫劳动者劳动的，或者用人单位违章指挥、强令冒险作业危及劳动者人身安全的，劳动者可以立即解除劳动合同，不需事先告知用人单位
	第六十五条第一款	被派遣劳动者可以依照本法第三十六条、第三十八条的规定与劳务派遣单位解除劳动合同

劳务派遣服务操作实务手册（第二版）

续表

相关法律文件	条款	具体内容
《劳务派遣暂行规定》	第十四条	被派遣劳动者提前30日以书面形式通知劳务派遣单位，可以解除劳动合同。被派遣劳动者在试用期内提前3日通知劳务派遣单位，可以解除劳动合同

根据上述法律法规的内容，被派遣员工与一般员工一样具有同等的解除劳动合同的权利，用工单位不得依据劳务派遣协议的约定限制被派遣员工解除劳动合同的权利。劳务派遣单位作为被派遣员工法律意义上的用人单位，应当及时了解被派遣员工的工作情况，及时为被派遣员工办理离职手续，以免造成麻烦。

（3）被派遣员工的辞退管理

【案例导读】徐某是某劳务派遣单位的员工，近期该劳务派遣单位将其派遣到某啤酒厂工作，在工作期间，徐某多次参与赌博，迟到、早退现象严重，啤酒厂依据劳务派遣协议的约定将其退回到劳务派遣单位，劳务派遣单位想知道，在这种情况下，是否可以解除与徐某的劳动合同？

【法律解析】本案例涉及劳务派遣单位劳动合同解除权的问题，对于被派遣员工的辞退，劳务派遣单位需要按照法律规定处理，只有在法律允许的情况下，劳务派遣单位才可以辞退被派遣员工。在《劳动合同法》第六十五条第二款和《劳务派遣暂行规定》第十五条中，对劳务派遣单位因为劳动关系与用工关系分离所导致的用人单位解除劳动合同权的限制作了具体说明。具体内容见表10-2。

表10-2 劳务派遣单位解除劳动合同的相关法律法规

相关法律文件	条款	具体内容
《劳动合同法》	第三十九条	劳动者有下列情形之一的，用人单位可以解除劳动合同： 1. 在试用期间被证明不符合录用条件的； 2. 严重违反用人单位的规章制度的； 3. 严重失职，营私舞弊，给用人单位造成重大损害的； 4. 劳动者同时与其他用人单位建立劳动关系，对完成本单位的工作任务造成严重影响，或者经用人单位提出，拒不改正的；

相关法律文件	条款	具体内容
《劳动合同法》	第三十九条	5. 因本法第二十六条第一款第一项规定的情形致使劳动合同无效的; 6. 被依法追究刑事责任的
	第四十条	有下列情形之一的,用人单位提前 30 日以书面形式通知劳动者本人或者额外支付劳动者 1 个月工资后,可以解除劳动合同: 1. 劳动者患病或者非因工负伤,在规定的医疗期满后不能从事原工作,也不能从事由用人单位另行安排的工作的; 2. 劳动者不能胜任工作,经过培训或者调整工作岗位,仍不能胜任工作的
	第六十五条第二款	被派遣劳动者有本法第三十九条和第四十条第一项、第二项规定情形的,用工单位可以将劳动者退回劳务派遣单位,劳务派遣单位依照本法有关规定,可以与劳动者解除劳动合同
《劳务派遣暂行规定》	第十五条	1. 被派遣劳动者因本规定第十二条规定被用工单位退回,劳务派遣单位重新派遣时维持或者提高劳动合同约定条件,被派遣劳动者不同意的,劳务派遣单位可以解除劳动合同; 2. 被派遣劳动者因本规定第十二条规定被用工单位退回,劳务派遣单位重新派遣时降低劳动合同约定条件,被派遣劳动者不同意的,劳务派遣单位不得解除劳动合同。但被派遣劳动者提出解除劳动合同的除外

10.1.3 商业秘密保护

(1) 确定商业秘密范畴

商业秘密,按照《中华人民共和国反不正当竞争法》(以下简称《反不正当竞争法》) 第十条第三款的规定,是指不为公众所知悉,能为权利人带来经济利益,具有实用性并经权利人采取保密措施的技术信息和经营信息。由此可见,商业秘密由以下三个要素构成。

① 具有客观秘密性。

商业秘密首先必须是处于秘密状态的信息,不可能从公开的渠道所获悉。国家工商行政管理局在《关于禁止侵犯商业秘密行为的若干规定》中指出："不为公众知悉，是指该信息是不能从公开渠道直接获取的。"最高人民法院《关于审理不正当竞争民事案件应用法律若干问题的解释》第九条规定，有关信息不为其所属领域的相关人员普遍知悉和容易获得，应当认定为《反不正当竞争法》第十条第三款规定的"不为公众所知悉"。

根据该解释的相关规定，具有下列情形之一的，可以认定有关信息不构成不为公众所知悉。具体如图 10-2 所示。

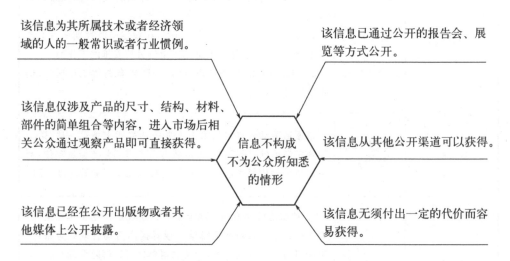

图10-2　信息不构成不为公众所知悉的情形

② 具有实用性和价值性。

首先，商业秘密与其他理论成果的根本区别就在于，商业秘密具有现实或潜在的实用性。商业秘密必须是一种现在或者将来能够应用于生产经营或者对生产经营有用的具体的技术方案和经营策略。不能直接或间接使用于生产经营活动的信息，不具有实用性，不属于商业秘密。其次，作为商业秘密的信息能为权利人带来现实的或潜在的经济利益，具有一定的经济价值。这里的经济价值既包括经济收益，也包括市场竞争优势。

原国家工商行政管理局在《关于禁止侵犯商业秘密行为的若干规定》中指出，能为权利人带来经济利益是指该信息能为权利人带来现实的或者潜在的经济利益或者竞争优势。

最高人民法院《关于审理不正当竞争民事案件应用法律若干问题的解释》第十条规定，有关信息具有现实的或者潜在的商业价值，能为权利人带来竞争优势的，应当认定为《反不正当竞争法》第十条第三款规定的"能为权利人带来经济利益、具有实用性"。

③ 权利人采取了保密措施。

只有当权利人采取了能够明示其保密意图的措施，才能成为法律意义上的商业秘密。

最高人民法院《关于审理不正当竞争民事案件应用法律若干问题的解释》第十一条规定，权利人为防止信息泄露所采取的与其商业价值等具体情况相适应的合理保护措施，应当认定为《反不正当竞争法》第十条第三款规定的"保密措施"。人民法院应当根据所涉信息载体的特性、权利人保密的意愿、保密措施的可识别程度、他人通过正当方式获得的难易程度等因素，认定权利人是否采取了保密措施。具有下列情形之一，在正常情况下足以防止涉密信息泄露的，应当认定权利人采取了保密措施。

a. 限定涉密信息的知悉范围，只对必须知悉的相关人员告知其内容。

b. 对于涉密信息载体采取了加锁等防范措施。

c. 在涉密信息的载体上标有保密标志。

d. 对于涉密信息采用密码或者代码等。

e. 签订保密协议。

f. 对于涉密的机器、厂房、车间等场所限制来访者或者提出保密要求。

g. 确保信息秘密的其他合理措施。

实践中，保密措施包括订立保密协议、建立保密制度及其他合理的保密措施，如对商业秘密的存放、使用、转移各环节采取有效的监管措施等。如用人单位与员工仅约定某些信息是商业秘密，但是除与员工签订保密协议外，并未采取任何其他措施保守该商业秘密，每一个员工都可以轻易地获取，这种信息就不能被认定为商业秘密。

上述具有客观秘密性、具有实用性和价值性、权利人采取了保密措施等三个特征，是商业秘密缺一不可的构成要素。只有同时具备这样三个特征的技术信息和经营信息，才属于商业秘密。

（2）签订商业保密协议

根据《劳动合同法》第二十三条的规定："用人单位与劳动者可以在劳动合同中约定保守用人单位的商业秘密和与知识产权相关的保密事项。"为了确保密协议的顺利签订，企业人力资源管理人员需要设计好相应的保密协议条款。

① 保密协议条款的内容。

a. 明确保密范围和内容。企业人力资源管理人员在设计保密协议时，应当首先明确员工保密的范围和具体内容，以免对是否属于商业秘密及应否保密产生分歧。商业秘密的范围一般包括技术信息、经营信息和特殊约定的其他秘密。随着商业秘密的范围从单纯的技术秘密扩大到经营秘密、特殊秘密等范畴。

b. 明确保密期限。保密协议中应明确约定保密期限，虽然法律规定员工保守秘密的义务不因劳动合同的解除、终止而免除，但由于商业秘密存在过期、被公开或被淘汰的情况，因此企业人力资源管理人员最好还是约定保密义务的起止时间，以免引起不必要的纠纷。

c. 明确保密主体。企业人力资源管理人员应设计保密条款要求相关人员保守企业的商业秘密，具体的保密主体如图 10-3 所示。

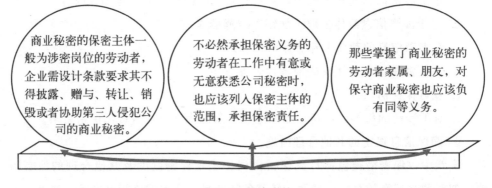

图10-3　保密主体

d. 明确双方的权利、义务。在保密协议中应设计如何使用商业秘密、涉及商业秘密的职务成果的归属、涉密文件的保存与销毁方式等内容，有特殊条款的还应以列举方式进行约定。

此外，根据《劳动合同法》的规定，保密协议中不得直接设定违约金，若约定违约金则存在被认定为无效的风险。但这并不意味着保密协议中不可约定违约责任，保密协议中可约定违反保密义务的赔偿内容以及计算赔偿数额的方式。

e. 保密津贴。员工在职期间，不少企业会按月支付"保密津贴"，这主要是为了进一步提高职工保密意识和保密的积极性。保密津贴应当在工资单上单独列支，注明费用名称。但是对于保密津贴的支付标准，我国现行法律并无明确规定，企业人力资源管理人员可视自身情况进行适当规定。

f. 违约责任条款。保密协议的违约责任可以分为违约金和赔偿金两部分。违约金是出现违反保密协议情况时，保密员工应当就其违反保密协议的行为向企业支付违约金，而赔偿金是指因员工违约泄密给企业造成经济损失时，应对企业的实际损失和调查的合理费用予以赔偿。

g. 确定纠纷管辖机构。保密协议中可以约定争议解决机构，但争议解决机构必须确定、唯一，不能既约定选择 A 地又约定选择 B 地的仲裁机构或法院，否则该条款无效。

每个企业需要保密的情形不尽相同，如何设计保密协议条款以更好地保护企业的权益还需具体情况具体分析。设计保密协议条款时最好咨询专业律师。

② 保密协议的签订。

为了保守企业商业秘密，维护企业利益，企业人力资源管理人员要与员工在签订劳动合同的基础上，补充签订的《保密协议》。企业人力资源管理人员在签订保密协议时，需要注意以下事项：

a. 保密协议签订的形式。企业与员工既可在劳动合同中约定保密条款，也可以订立专门的保密协议。但无论选择何种方式，都应当采取法定的书面形式，并做到条款清晰、明确。

b. 主要保密条款齐全。签订保密条款需要包括保密的内容、保密的人员范围、保密协议双方的权利和义务、保密协议的期限、保密津贴和违约责任等主要条款，确保保密协议条款完善齐全。

c. 明确保密条款内容。不同的企业和同一企业的不同时期，所持的商业秘密是不一样的，在约定保密内容时，务必把需要保密的对象、范围、内容和期限等明确下来。

d. 遵循公平原则。《劳动法》第二十二条规定："劳动合同当事人可以在劳动合同中约定保守用人单位商业秘密的有关事项。"这是劳动领域中订立保密协议的法律依据。《中华人民共和国民法典》（以下简称《民法典》）第六条规定："民事主体从事民事活动，应当遵循公平原则，合理确定各方的权利和义务。"保密协议跟其他协议一样，首先必须遵循公平、平等的原则，才具有法律效力。

为了加强对本企业商业秘密的保护，确保商业秘密的安全，从而有效地维护自身利益和市场竞争优势。企业有必要建立和健全内部的保密规章制度。下面是一则范本，供参考。

制度名称	公司保密管理制度		受控状态	
			编　号	
执行部门		监督部门	编修部门	

第1章　总则

第1条　为了保守公司秘密，维护公司利益，特制定本制度。

第2条　本制度适用于公司范围内所有部门及人员的保密管理工作。

第3条　相关定义。

1. 公司秘密是关系到公司利益，依照特定程序确定，在一定时间内只限一定范围的人员知悉的事项。

2. 泄密是指违反公司保密制度，使公司秘密被不应知悉者知悉，或使公司秘密超出了限定的接触范围，而不能证明未被不应知悉者知悉。

第2章　公司保密范围和密级确定

第4条　公司保密范围如下表所示。

保密范围	具体说明
公司事务的重大决策	公司战略与重大经营举措、公司内部重大改革及人员变动方案等
技术信息	1. 技术秘密。技术秘密包括但不限于设计图样、实验结果和实验记录、工艺配方、样品、数据、计算机程序等。技术信息可以使有指定的完整技术内容，构成一项产品、工艺、材料及其他改进的技术方案，也可以是某一项产品、工艺、材料等技术或产品中的部分技术要素。 2. 非专利技术成果。非专利技术成果应具备的四个条件如下： (1)包含技术知识、经验和信息的技术方案或技术诀窍； (2)处于秘密状态，即不能从公共信息渠道直接获得； (3)有实用价值，即能使公司获得经济利益或竞争优势； (4)公司已采取适当的保密措施，并且未曾在没有约定保密义务的前提下将其提供给他人。
经营信息	1. 新产品的市场占有情况及如何开辟新市场； 2. 产品的社会购买力情况； 3. 产品的区域性分布情况； 4. 产品长期的、中期的、短期的发展方向和趋势； 5. 经营战略； 6. 流通渠道和机构等； 7. 管理方法、客户名单、货源情报、产销策略、招投标中的标底及标书内容等

第5条 公司的密级分为"绝密""机密""秘密"三级。公司密级的确定如下。

1. 在公司经营发展中,直接影响公司权益和利益的重要决策文件资料为绝密级。

2. 公司的规划、财务报表、统计资料、重要会议记录、公司经营情况为机密级。

3. 公司人事档案、合同、协议、职员工资性收入、尚未进入市场或尚未公开的各类信息为秘密级。

第3章 保密措施

第6条 属于公司秘密的文件、资料和其他物品的制作、收发、传递、使用、复制、摘抄、保存和销毁,由总经理办公室或主管副总经理委托专人执行。采用电脑技术存取、处理、传递的公司秘密由电脑部门负责保密。

第7条 对于密级文件、资料和其他物品,必须采取以下保密措施:

1. 非经公司总经理或主管副总批准,不得复制和摘抄;

2. 收发、传递和外出携带,由指定人员担任,并采取必要的安全措施;

3. 在设备完善的保险装置中保存。

第8条 在对外交往与合作中需要提供公司秘密事项的,应当事先经公司总经理批准。

第9条 具有属于公司秘密内容的会议和其他活动,主办部门应采取下列保密措施:

1. 选择具备保密条件的会议场所;

2. 根据工作需要,限定参加会议人员范围,指定人员参加涉及密级事项的会议;

3. 依照保密规定使用会议设备和管理会议文件;

4. 确定会议内容是否传达及传达范围。

第10条 工作人员如因疏忽遗失文件资料或载有企业秘密的电脑磁盘、音像制品的,应立即向行政人事部及主管领导报告,并迅速采取清查、补救措施。对隐瞒不报者,公司将视其泄露程度的情节轻重,分别给予批评教育、行政处罚和经济处罚。

第4章 员工保密纪律

第11条 所有知悉公司保密事项的员工都负有保密义务,且有权制止一切泄露公司秘密事项的行为。

第12条 凡涉及公司秘密事项的内容,不论其为何种载体形式均属保密范围,任何员工直接或间接、口头或书面擅自对外提供涉及公司秘密内容的行为,均属泄密。

第13条 公司员工在劳动合同期限内,不得将直接或间接获悉的本公司秘密事项内容擅自泄露给非本公司、非本岗位的其他人员。不得以任何形式将所知悉的公司商业秘密泄露给他人或利用公司的商业秘密谋求个人利益。

第14条 任何员工都不得私自将公司涉密资料带离办公场所。

续表

第 5 章　处罚条例

第 15 条　对产生的公司秘密事项，相关责任人未按要求确定、标明密级的，提出批评或处罚____元；由此造成泄密，但尚未产生严重后果或经济损失的，处罚____～____元；由此造成泄密并产生严重后果或经济损失的，处罚____～____元。

第 16 条　过失泄露公司秘密，尚未产生严重后果或经济损失的，处罚____～____元。

第 17 条　过失泄露公司秘密，产生严重后果或经济损失的，处罚____～____元。

第 18 条　故意泄露公司秘密的，予以开除并赔偿经济损失。

第 19 条　刺探、窃取、收买或利用职权强制获得不应知悉的公司秘密的，处罚____～____元，情节恶劣者予以辞退。

第 20 条　涉及公司《竞业保密协议》的事项，按该协议规定进行处理。

第 21 条　给公司造成重大损失，并构成违法犯罪的，在按公司制度处罚的同时，移交公安机关处理。

第 6 章　附则

第 22 条　本制度由公司人力资源部负责制定，修改亦同。

第 23 条　本制度自下发之日起执行。

编制日期		审核日期		批准日期	
修改标记		修改处数		修改日期	

10.2 劳务派遣合规管理

10.2.1　关于劳务派遣单位

为了确保劳务派遣业务的合规经营，劳务派遣单位重点需明确以下 8 方面的内容。

（1）依法取得经营许可

劳务派遣单位经营劳务派遣业务应首先取得《劳务派遣经营许可证》。《劳动合同法》明确规定，未经许可，任何单位和个人不得经营劳务派遣业务。

（2）申请经营劳务派遣业务应当具备的条件

公司申请经营劳务派遣业务，应当具备以下条件。

① 注册资本不少于人民币二百万元。

② 有与开展业务相适应的固定的经营场所和设施。

③ 有符合法律、行政法规规定的劳务派遣管理制度。

④ 法律、行政法规规定的其他条件。

（3）《劳务派遣经营许可证》的变更、延续

当劳务派遣单位出现某些变动时，应当向许可机关提出变更或延续申请，具体内容如表 10-3 所示。

表10-3 提出变更或延续申请的情形

项目	具体内容
情形	劳务派遣单位名称、住所、法定代表人或者注册资本等改变的
	劳务派遣单位分立、合并后继续存续，其名称、住所、法定代表人或者注册资本等改变的
	劳务派遣行政许可有效期届满，劳务派遣单位需要延续行政许可有效期的
重点提示	劳务派遣单位分立、合并后设立新公司的，或者劳务派遣单位逾期提出延续行政可的书面申请的，应当重新申请劳务派遣行政许可

（4）劳动合同的订立

劳务派遣单位招用被派遣劳动者后，应当及时与其订立书面劳动合同。在鉴定书面劳动合同时，劳务派遣单位需注意以下几点。

① 与被派遣劳动者应当订立二年以上的固定期限书面劳动合同。

② 不得以非全日制用工形式招用被派遣劳动者。

③ 可以依法与被派遣劳动者约定试用期，但与同一被派遣劳动者只能约定一次试用期。

④ 应当将劳务派遣协议的内容告知被派遣劳动者。

⑤ 不得向被派遣劳动者收取费用。

（5）劳动合同的必备条款

劳务派遣单位与被派遣劳动者订立的劳动合同，必备条款如表 10-4 所示。

表10-4 劳动合同的必备条款

项目	具体内容
必备条款	劳务派遣单位的名称、住所和法定代表人或者主要负责人
	被派遣劳动者的姓名、住址和居民身份证或者其他有效身份证件号码
	劳动合同期限
	工作内容和工作地点
	工作时间和休假时间
	劳动报酬
	社会保险
	劳动保护、劳动条件和职业危害防护
	被派遣劳动者的用工单位
	派遣期限
	工作岗位
	法律、法规规定应当纳入劳动合同的其他事项
重点提示	上述必备条款中，被派遣劳动者的用工单位、派遣期限和工作岗位等规定项目，容易遗漏，需要劳务派遣单位注意

（6）对被派遣员工应履行的义务

劳务派遣单位对被派遣员工应履行如下义务，具体内容如表10-5所示。

表10-5 劳务派遣单位对被派遣员工应履行的义务

履行的义务	内容说明
告知	如实告知被派遣劳动者工作内容、工作条件、工作地点、职业危害、安全生产状况、劳动报酬、应遵守的规章制度、劳务派遣协议内容，以及被派遣劳动者要求了解的其他情况等
培训	对被派遣劳动者进行上岗知识、安全教育等培训
报酬	依法支付被派遣劳动者的劳动报酬和相关待遇
社会保障	依法为被派遣劳动者缴纳社会保险费，并办理社会保险相关手续；对被派遣劳动者在用工单位因工作遭受事故伤害的，依法申请工伤认定
督促	督促用工单位依法为被派遣劳动者提供劳动保护和劳动安全卫生条件
协助处理和提供证明/材料	协助处理被派遣劳动者与用工单位的纠纷、出具解除或终止劳动合同的证明

（7）劳动合同的解除与终止

劳务派遣单位应依照《劳动合同法》及其他劳动法律法规规定，依法与被派遣员工解除、终止劳动合同，并对符合补偿条件的支付经济补偿金。

10.2.2　关于用工单位

在劳务派遣这一种用工模式下，用工单位至少需做好如下 6 个方面的工作，确保其合规经营。

（1）劳务派遣岗位使用范围

用工单位在使用被派遣劳动者的时候，只能在"三性"岗位，即临时性、辅助性或者替代性的工作岗位上使用，不能扩大使用范围。

（2）劳务派遣用工比例

用工单位应当严格控制劳务派遣用工数量，使用的被派遣劳动者数量不得超过其用工总量的 10％ 。这里所称用工总量是指用工单位订立劳动合同人数与使用的被派遣劳动者人数之和。

（3）劳务派遣公司的选择

用工单位需选择具备合法资质且运营规范的劳务派遣公司进行合作。对此，用工单位应对劳务派遣公司的资质进行审查，其次应关注劳务派遣单位管理是否规范，如是否有与开展业务相适应的固定的经营场所、办公设施等。

（4）《劳务派遣协议》的签订

用工单位与劳务派遣单位谈妥劳务派遣业务后，应当签订《劳务派遣协议》，对双方合作事宜进行约定。

双方签订的《劳务派遣协议》除包含《劳务派遣暂行规定》第七条的内容外，用工单位与劳务派遣单位在签订《劳务派遣协议》时，应尽量就有关内容作出明确详细的约定，防止在履约过程中因约定不明而产生纠纷，如关于稳岗返还等补助资金分配方式，工资支付，当劳务派遣单位未按照协议约定支付工资情况下的违约责任，而产生争议情况下的赔偿责任及用工单位承担连带责任下的追偿权利等。

（5）保障被派遣员工的权益

用工单位应当根据劳动法律法规的要求，维护被派遣员工的合法权益，如需做到同工同酬、为其提供必要的劳动保护措施等。

（6）区分劳务派遣与劳务外包

劳务派遣和劳务外包存在"主体、岗位要求、法律关系、支配与管理、工作成果衡量标准、法律适用"六个方面的区别，用工单位不得以"劳务外包"之名，行"劳务派遣"之实。

10.2.3　关于劳动纠纷处理

被派遣员工与劳务派遣公司、用工单位发生劳动争议后，可以依法申请劳动争议仲裁，劳务派遣单位、用工单位为共同当事人。

劳动争议案件仲裁处理主要包括以下几个环节：提交仲裁申请书、仲裁受理、开庭审理、仲裁调解、仲裁裁决。

无论用工单位还是劳务派遣单位，接到仲裁申请书副本后，要积极准备相关材料，如《营业执照》复印件、证据材料等。仲裁处理机构需妥善处理所受理的劳动人事争议案件，维护劳动关系和谐稳定。

第**11**章 ▶▶

劳务派遣争议管理

11.1 争议问题聚焦

11.1.1 区别待遇问题

《劳动合同法》第六十三条规定："被派遣劳动者享有与用工单位的劳动者同工同酬的权利。用工单位应当按照同工同酬原则，对被派遣劳动者与本单位同类岗位的劳动者实行相同的劳动报酬分配办法。用工单位无同类岗位劳动者的，参照用工单位所在地相同或者相近岗位劳动者的劳动报酬确定。"由于在实际工作中，存在着被派遣劳动者与正式工做相同的工作，劳动报酬却比正式工低的现象，这对于被派遣劳动者极不公平。以上规定则明确了被派遣劳动者同工同酬的权利。

同工同酬是指用人单位对于技术和劳动熟练程度相同的劳动者在从事同种工作时，不分性别、年龄、民族、区域等差别，只要提供相同的劳动量，就获得相同的劳动报酬。

（1）同工同酬的标准

① 劳动者的工作岗位与实际身份无关。

② 在相同的工作岗位上实行相同的劳动报酬分配方法。

③ 同样的工作量取得了相同的工作业绩。

（2）同工同酬的保障力度

《劳动合同法》规定："劳务派遣单位与被派遣劳动者订立的劳动合同和与用工单位订立的劳务派遣协议，载明或者约定的向被派遣劳动者支付的劳动报酬应当符合前款规定。根据这一规定，劳务派遣单位有责任保障被派遣劳动者同工同酬权利的获得，加强了被派遣劳动者同工同酬的保障力度。"

11.1.2 退工争议问题

（1）退工的类型

辞退即指企业主动与员工解除劳动合同的行为。根据《劳动合同法》及《劳务派遣暂行规定》的相关规定，用工单位可以将员工退回劳务派遣单位，用工单位辞退员工的类型主要包括过错性辞退和非过错性辞退。

① 过错性辞退。过错性辞退是指被派遣人员有过错性情形时，用工单位有权随时退回被派遣人员到劳务派遣单位的行为。用工单位的过错性辞退主要有以

下情形。具体如图 11-1 所示。

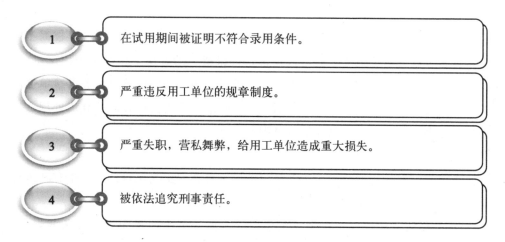

1	在试用期间被证明不符合录用条件。
2	严重违反用工单位的规章制度。
3	严重失职，营私舞弊，给用工单位造成重大损失。
4	被依法追究刑事责任。

图11-1　过错性辞退的情形

②　非过错性辞退。参考《员工关系管理精细化实操手册》6.2.2 员工辞退管理的（2）非过错性辞退。

对于劳务派遣单位来说，首先需要对用工单位退回被派遣人员的依据进行审查，如果退回依据不充分，劳务派遣单位应与用工单位协商解决。

（2）非法退工的后果

《劳动合同法实施条例》第三十二条规定："劳务派遣单位违法解除或者终止被派遣劳动者的劳动合同的，依照《劳动合同法》第四十八条的规定执行。"在《劳动合同法》第四十八条规定中，用人单位违反本法规定解除或者终止劳动合同，劳动者要求继续履行劳动合同的，用人单位应当继续履行；劳动者不要求继续履行劳动合同或者劳动合同已经不能继续履行的，用人单位应当依照本法第八十七条规定支付赔偿金。由于劳务派遣单位是被派遣人员的实际用人单位，因此，在其违反规定解除劳动合同时，需要向被派遣人员支付一定的经济补偿金。

11.1.3　工伤责任问题

（1）工伤责任人谁担

《工伤保险条例》第四十三条规定："用人单位分立、合并、转让的，承继单位应当承担原用人单位的工伤保险责任；原用人单位已经参加工伤保险的，承继单位应当到当地经办机构办理工伤保险变更登记。用人单位实行承包经营的，工伤保险责任由职工劳动关系所在单位承担。职工被借调期间受到工伤事故伤害的，由原用人单位承担工伤保险责任，但原用人单位与借调单位可以约定补偿办法。企业破产的，在破产清算时依法拨付应当由单位支付的工伤保险待遇费用。"由此规定可知，工伤责任的承担方为实际用人单位。而在劳务派遣中，根据相关规定，劳务派遣单位是实际的用人单位，被派遣劳动者所工作单位为用工单位，所以员工在工作时间发生意外伤害事故，被认定为工伤的应该由劳务派遣单位承担工伤责任。那么，工伤如何进行认定、劳动能力鉴定如何办理及异议处理、工伤保险待遇的支付又有着怎样的标准呢？

（2）工伤标准如何定

无论是工伤认定的范围、工伤认定的流程都在《工伤保险条例》中有具体规定，下面对其进行总结和归纳。

① 工伤认定的范围。根据《工伤保险条例》第十四条和第十五条的规定，可将下面的情况认定为工伤或视同工伤（即视为工伤对待），如图11-2所示。

认定工伤的情况

1. 在工作时间和工作场所内，因工作原因受到事故伤害的。
2. 工作时间前后在工作场所内，从事与工作有关的预备性或者收尾性工作受到事故伤害的。
3. 在工作时间和工作场所内，因履行工作职责受到暴力等意外伤害的。
4. 患职业病的。
5. 因工外出期间，由于工作原因受到伤害或者发生事故下落不明的。
6. 在上下班途中，受到非本人主要责任的交通事故或者城市轨道交通、客运轮渡、火车事故伤害的。
7. 法律、行政法规规定应当认定为工伤的其他情形。

视同工伤的情况

1. 在工作时间和工作岗位，突发疾病死亡或者在48小时之内经抢救无效死亡的。
2. 在抢险救灾等维护国家利益、公共利益活动中受到伤害的。
3. 职工原在军队服役，因战、因公负伤致残，已取得革命伤残军人证，到用人单位后旧伤复发的。

图11-2　工伤认定的范围

② 工伤认定的申请。根据《工伤保险条例》第十七条规定："员工发生事故伤害或者按照职业病防治法规定被诊断、鉴定为职业病，用人单位应当自事故伤害发生之日或者被诊断、鉴定为职业病之日起30日内，向统筹地区社会保险行政部门提出工伤认定申请。遇有特殊情况，经报社会保险行政部门同意，申请时限可以适当延长。"

根据《工伤保险条例》第十八条规定："用人单位提出工伤认定申请应当提交下列材料：

① 工伤认定申请表；

② 与用人单位存在劳动关系（包括事实劳动关系）的证明材料；

③ 医疗诊断证明或者职业病诊断证明书（或者职业病诊断鉴定书）。"

（3）劳动能力鉴定及异议处理

员工因工受伤后，进行工伤认定和劳动能力鉴定是法定的程序，工伤认定是对受伤的事实进行定性，确定其是否为工伤。劳动能力鉴定是对伤情等级进行评定，从而据以确定不同的工伤待遇。

员工发生工伤，经治疗伤情相对稳定后存在残疾、影响劳动能力的情况下，可进行劳动能力鉴定，以获得相应的补偿。劳动能力鉴定必须严格按照《工伤职工劳动能力鉴定管理办法》进行规定。

用人单位或员工本人申请劳动能力鉴定应当填写劳动能力鉴定申请表，并提交相应材料，以便用人单位或员工所在的省、自治区、直辖市和设区的市级（含直辖市的市辖区、县）劳动鉴定委员会进行审核办理。劳动能力鉴定申请材料如图 11-3 所示。

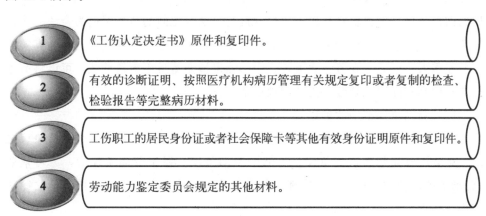

1 《工伤认定决定书》原件和复印件。

2 有效的诊断证明、按照医疗机构病历管理有关规定复印或者复制的检查、检验报告等完整病历材料。

3 工伤职工的居民身份证或者社会保障卡等其他有效身份证明原件和复印件。

4 劳动能力鉴定委员会规定的其他材料。

图11-3 劳动能力鉴定申请材料

劳动能力鉴定必须严格按照《工伤职工劳动能力鉴定管理办法》规定的程序办理。

《工伤保险条例》第二十六条规定："申请鉴定的单位或者个人对设区的市级劳动能力鉴定委员会作出的鉴定结论不服的，可以在收到该鉴定结论之日起 15 日内向省、自治区、直辖市劳动能力鉴定委员会提出再次鉴定申请。省、自治区、直辖市劳动能力鉴定委员会作出的劳动能力鉴定结论为最终结论。"

《工伤保险条例》第二十八条规定："自劳动能力鉴定结论作出之日起 1 年后，工伤职工或者其近亲属、所在单位或者经办机构认为伤残情况发生变化的，可以申请劳动能力复查鉴定。"

根据上述规定，用人单位或者员工个人对初次鉴定结论不服的，可以在 15 日内向省、自治区、直辖市劳动能力鉴定委员会提出再次鉴定申请。而且鉴定结束后，工伤职工的伤情有所变化，有可能影响伤残等级的，在劳动能力鉴定做出 1 年后，用人单位可以提出劳动能力复查的鉴定。

11.2 争议问题处理

在劳务派遣中，对于劳动争议的处理主要涉及以下方面的内容。

（1）劳动争议诉讼的主体

最高人民法院《关于审理劳动争议案件适用法律若干问题的解释（二）》第十条规定："劳动者因履行劳动力派遣合同产生劳动争议而起诉，以派遣单位为被告；争议内容涉及接受单位的，以派遣单位和接受单位为共同被告。"该条适用的前提条件是派遣机构与用人单位（接受单位）之间的劳务派遣为合法的劳务派遣。此时，派遣机构为劳动法上的用工主体，用人单位（接受单位）为真实的劳务使用人。因此，在劳务派遣关系中，如果被派遣员工申请仲裁，可以将劳务派遣单位和实际用工单位作为共同被申请人。

（2）劳动争议范围的确定

劳务派遣公司或用工企业因种种原因产生矛盾、争议等。在处理这些争议之前，企业应首先判断这些争议是否属于劳动争议；属于劳动争议的，方可依照《劳动争议调解仲裁法》进行处理；不属于劳动争议范围的，应参照其他法律法规进行处理。

根据《劳动争议调解仲裁法》的规定，下列情况属于劳动争议的范围：

① 因确认劳动关系发生的争议；

② 因订立、履行、变更、解除和终止劳动合同发生的争议；

③ 因除名、辞退和辞职、离职发生的争议；

④ 因工作时间、休息休假、社会保险、福利、培训以及劳动保护发生的争议；

⑤ 因劳动报酬、工伤医疗费、经济补偿或者赔偿金等发生的争议；

⑥ 法律、法规规定的其他劳动争议。

（3）劳动争议仲裁时效的确定

劳动争议仲裁时效是指劳动争议权利人在法定期间内不行使权利的事实持续至法定期间届满，便丧失胜裁权的制度，即劳动争议权利人需在法定的期限内向劳动争议仲裁机构提出仲裁申请，以获得劳动争议仲裁机构对其合法权益的保护；当相关权利人超过法定期限提出仲裁申请，劳动争议仲裁机构对其合法权益不予保护。《中华人民共和国劳动争议调解仲裁法》（以下简称《劳动争议调解仲裁法》）第二十七条指出，"劳动争议申请仲裁的时效期间为一年"，即劳动争议当事人需在一年的这一法定时限内向劳动争议仲裁机构提出仲裁申请，否则，其胜裁权丧失。

企业或劳动者在采用仲裁手段维护合法权益及应对仲裁案件时，需注意劳动争议仲裁时效的限制，具体来说需明确以下 4 项内容：

① 仲裁时效期间起始时间确定。《劳动争议调解仲裁法》第二十七条规定："仲裁时效期间从当事人知道或者应当知道其权利被侵害之日起计算。"此条款即表明劳动争议仲裁时效期限的起始时间可概括为两类，即当事人知道其权利被侵害之日和当事人应当知道其权利被侵害之日，具体说明如图 11-4 所示。

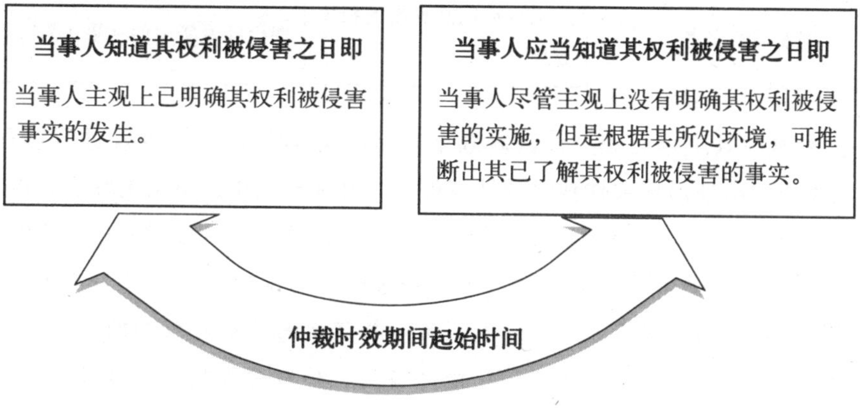

当事人知道其权利被侵害之日即

当事人主观上已明确其权利被侵害事实的发生。

当事人应当知道其权利被侵害之日即

当事人尽管主观上没有明确其权利被侵害的实施，但是根据其所处环境，可推断出其已了解其权利被侵害的事实。

仲裁时效期间起始时间

图11-4　仲裁时效期间起始时间说明图

需要指出的是，对于劳动关系存续期间因拖欠劳动报酬发生争议的，员工提出仲裁申请的不受《劳动争议调解仲裁法》第二十七条管理仲裁时效期间起始时间的限制；但是，劳动关系终止的，应当自劳动关系终止之日起一年内提出。

② 仲裁时效中断处理。仲裁时效中断是指在劳动争议仲裁时效进行过程中，

因相关法定事由出现而使得已经履行的仲裁时效无效，而在时效中断事由消除后，重新计算仲裁时效的情形。对于仲裁时效中断事由的认定及仲裁时效中断后的处理，《劳动争议调解仲裁法》第二十七条作出以下规定，即"前款规定的仲裁时效，因当事人一方向对方当事人主张权利，或者向有关部门请求权利救济，或者对方当事人同意履行义务而中断。从中断时起，仲裁时效期间重新计算。"仲裁时效中断事由说明表如表 11-1 所示。

表11-1　仲裁时效中断事由说明表

仲裁时效中断事由类别	事由说明	示例
当事人一方向对方当事人主张权利	当事人对对方当事人做出的相关处理有异议而明确要求对方履行相关义务以维护个人合法权益	员工对用人单位作出的罚款决定不认同，向用人单位提出申诉
当事人一方向有关部门请求权利救济	当事人就劳动争议向相关部门请求权利救济，以维护个人合法权益	员工就薪酬争议向用人单位所在区域的劳动保障部门反映情况，要求相关部门解决争议
对方当事人同意履行义务	对方当事人同意履行相关义务或同意提出的相关要求	用人单位向员工承诺在一个星期内补发所欠的加班工资

③ 仲裁时效中止处理。仲裁时效中止是在劳动争议仲裁时效进行过程中，因法定事由的出现而导致仲裁时效计算停止，并在时效中止事由消除后，继续计算仲裁时效的情形。对于仲裁时效中止法定事由的认定及仲裁时效中止后的相关处理，《劳动争议调解仲裁法》第二十七条进行了明确规定，即"因不可抗力或者有其他正当理由，当事人不能在本条第一款规定的仲裁时效期间申请仲裁的，仲裁时效中止。从中止时效的原因消除之日起，仲裁时效期间继续计算。"仲裁时效中止事由说明表如表 11-2 所示。

（4）提交书面仲裁申请与受理

在申请劳动争议仲裁前，需明确申请劳动争议仲裁需符合的条件。

① 申诉人必须是与申请仲裁的劳动争议有直接利害关系的劳动者。

② 有明确的被申请人。

③ 有具体的仲裁请求以及所依据的事实、理由。

④ 请仲裁的劳动争议属于仲裁委员会的受理范围和受理仲裁委员会的管辖。

⑤ 申请时间符合申请仲裁的时效规定。

符合条件者，申请人申请仲裁应当提交书面仲裁申请，并按照被申请人人数提交副本。劳动争议仲裁委员会收到仲裁申请后，做出受理或不予受理的决定，其具体内容见表11-3。

表11-2 仲裁时效中止事由说明表

仲裁时效中断事由类别	事由说明
不可抗力	◎《民法典》第一百八十条将不可抗力规定为"不能预见、不能避免且不能克服的客观情况"，如发生地震、洪水等
其他正当理由	◎无民事行为能力或者限制民事行为能力劳动者的法定代理人未确定，该事由依据《劳动人事争议仲裁办案规则》第十一条规定 ◎劳动争议当事人向企业劳动争议调解委员会提出调解申请，该事由依据《关于贯彻执行〈中华人民共和国劳动法〉若干问题的意见》第八十九条 ◎劳动争议仲裁委员会的办事机构对未予受理的仲裁申请逐件向仲裁委员会报告并说明情况，仲裁委员会受理审查期间，该事由依据《关于贯彻执行〈中华人民共和国劳动法〉若干问题的意见》第九十条 ◎法定代理人死亡、丧失代理权 ◎劳动争议当事人因患重大疾病而影响权利行使等

表11-3 仲裁申请与受理

提交仲裁申请		仲裁受理	
情形	内容说明	情形	内容说明
一般情况	仲裁申请书应当载明下列事项 ◎劳动者的姓名、性别、年龄、职业、工作单位和住所，用人单位的名称、住所和法定代表人或者主要负责人的姓名、职务 ◎仲裁请求和所根据的事实、理由 ◎证据和证据来源、证人姓名和住所	符合条件	◎劳动争议仲裁委员会收到仲裁申请之日起五日内，认为符合受理条件的，应当受理，并通知申请人 ◎劳动争议仲裁委员会受理仲裁申请后，应当在五日内将仲裁申请书副本送达被申请人
特殊情况	◎书写仲裁申请确有困难的，可以口头申请，由劳动争议仲裁委员会记入笔录，并告知对方当事人	不符合条件	◎认为不符合受理条件的，应当书面通知申请人不予受理，并说明理由

（5）劳动争议的处理程序

发生劳动争议后，用人单位或员工当事人可选择如图11-5所示的程序进行处理。

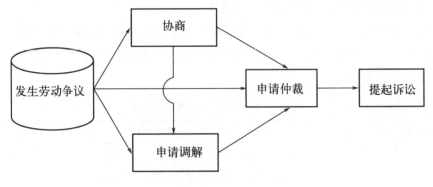

图11-5　劳动争议的处理程序

11.2.1　争议处理方式

（1）协商调解

劳动争议协商，指劳动争议发生后，当事人就争议事项进行协商，在自愿的基础上达成和解协议，快速、简洁地解决争议的方法。而劳动争议调解，是指劳动争议调解委员会对发生的劳动争议，在查明事实、分清是非、明确责任的基础上，依照国家劳动法律、法规，以及依法制定的企业规章和劳动合同，通过民主协商的方式，推动双方互谅互让，达成协议，消除争议的一种活动。

《劳动争议调解仲裁法》第四条规定："发生劳动争议，劳动者可以与用人单位协商，也可以请工会或者第三方共同与用人单位协商，达成和解协议。"

同时该法第五条规定："发生劳动争议，当事人不愿协商、协商不成或者达成和解协议后不履行的，可以向调解组织申请调解；不愿调解、调解不成或者达成调解协议后不履行的，可以向劳动争议仲裁委员会申请仲裁；对仲裁裁决不服的，除本法另有规定的外，可以向人民法院提起诉讼。"

根据上述法律规定可知，协商解决并不是劳动争议解决的必经程序，不愿协商或者协商不成的，不愿调解或调解不成的，当事人有权申请仲裁直至提起诉讼。

调解虽然不是劳动争议处理的必经程序，但却是劳动争议处理中的"第一道防线"，是我国劳动争议处理的重要组成部分。在现实中，出于缓和与员工之间的矛盾、维护良好形象、避免对簿公堂、快速妥善解决争议等原因，在发生劳动争议后，大多用人单位还是优先选择协商调解这一方式。为确保协商调解劳动争议顺利进行，用人单位应掌握以下内容。

① 劳动争议的协商调解原则。《劳动争议调解仲裁法》第三条规定："解决劳动争议，应当根据事实，遵循合法、公正、及时、着重调解的原则，依法保护当事人的合法权益。"

具体来说，用人单位必须把握如图 11-6 所示的四大原则，做好劳动争议协商调解工作。

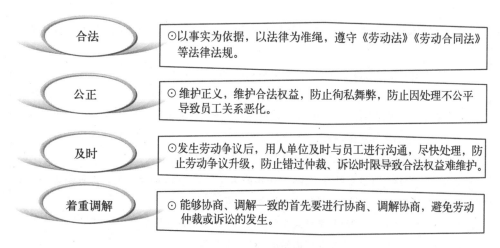

合法 ⊙以事实为依据，以法律为准绳，遵守《劳动法》《劳动合同法》等法律法规。

公正 ⊙维护正义，维护合法权益，防止徇私舞弊，防止因处理不公平导致员工关系恶化。

及时 ⊙发生劳动争议后，用人单位及时与员工进行沟通，尽快处理，防止劳动争议升级，防止错过仲裁、诉讼时限导致合法权益难维护。

着重调解 ⊙能够协商、调解一致的首先要进行协商、调解协商，避免劳动仲裁或诉讼的发生。

图11-6 劳动争议协商调解四大原则

② 劳动争议的调解程序。根据《劳动争议调解仲裁法》第十二条、第十三条、第十四条及第十五条规定，劳动争议的调解程序如下：

a. 劳动争议一方当事人以书面申请或口头申请的方式向劳动争议调解组织申请调解。

b. 劳动争议调解组织收到劳动争议调解申请后，应及时指派调解员对劳动争议进行全面调查，听取双方当事人对事实和理由的陈述，做好笔录并签名或盖章。

c. 劳动争议调解组织在查明事实、分清是非的基础上，依照有关劳动法律、法规、用人单位规章制度和劳动合同等，耐心疏导，公正调解，帮助其达成协议。

d. 经调解达成协议的，劳动争议调解组织制作一式三份的劳动纠纷调解协议书（附本段之后），协议书应写明双方当事人的姓名（单位、法定代表人）、职务、争议事项、调解结果及其他需说明的事项，并由双方当事人签名或盖章，经调解员签名并加盖调解组织印章后生效。调解协议书签订后，对双方当事人具有约束力，双方当事人应自觉履行协议书内容。自劳动争议调解组织收到调解申请之日起 15 日内未达成调解协议的，当事人可以依法申请仲裁。下面是××公司的劳动纠纷调解书，读者可参考。

文书名称	劳动纠纷调解协议书	编　号	
		受控状态	

甲方(用人单位)：＿＿＿＿＿＿＿＿＿＿＿＿＿＿

乙方(员　　工)：＿＿＿＿＿＿＿＿＿＿＿＿＿＿

　　兹就甲方解除与乙方劳动关系纠纷事宜,经甲乙双方友好协商一致,达成如下协议,以期共同遵守。

　　一、对于甲方解除与乙方劳动关系纠纷事宜,甲方已经充分理解到自己的做法确实给乙方造成了不良影响,甲方对此向乙方表示歉意,乙方对甲方解除劳动关系的决定不再持有异议。

　　二、考虑到乙方在甲方工作期间的实际情况及甲方目前的实际状况,甲方经研究决定向乙方按在甲方工作的实际年限,每满一年支付乙方最近一个月的工资的标准(半年以上按一年计算;不满半年的支付半个月的工资)一次性向乙方支付经济补偿金。

　　乙方于＿＿年＿月进入甲方工作,工作年限为＿＿年＿月,最近一个月工资额为＿＿元整。因此,甲方向乙方一次性支付经济补偿金＿＿元。

　　甲方支付乙方的补助费用,是已经充分考虑了甲乙双方的实际情况,并本着以人为本的原则,充分体现甲方对乙方的人文关怀而做出的一次性补偿。

　　三、本调解书签订后,乙方须在＿＿日内向劳动监察部门对双方的劳动纠纷案件提出撤回申请,并向甲方提供撤回投诉申请的相应证明文书,甲方在收到乙方提供的该文书后于＿＿个工作日内,向乙方支付一次性经济补偿费用。

　　四、甲方将以现金形式支付乙方一次性补偿费用,乙方或者其代理人签收领取该款项后即视为甲方已经履行完毕支付义务。

　　五、乙方承诺自本协议履行完毕后,甲乙双方之间不再存在任何其他未了纠纷,乙方承诺不得再以任何理由向甲方主张任何其他民事权利。

　　六、甲乙双方约定,双方均应积极履行完毕本协议第二、三条约定的事项,甲方应按约定向乙方或者经其特别授权的代理人交付上述约定款项,乙方(或者特别授权代理人)收到后应签署收款凭据。如果甲方不按照约定履行付款义务,应该承担相应的违约责任。

　　七、本协议自双方或双方特别代理人签字之日起生效。

　　八、本协议一式三份,双方各执一份,由乙方向有关部门备案一份。

　　甲方(盖章)：　　　　　　　　　　　乙方(签名或盖章)：

　　日期：＿＿年＿月＿日　　　　　　　日期：＿＿年＿月＿日

编制人员		审核人员		审批人员	
编制时间		审核时间		审批时间	

③ 劳务派遣争议的处理技巧。

a. 企业人力资源管理人员收到派遣员工的争议处理申请后，应首先稳定派遣员工情绪，做好解释说明工作，而后组织调查，了解实情、明确责任。

b. 企业人力资源管理人员应及时讨论解决方案，并尽量在较短的时间内给出正式解决方案。

c. 劳务派遣争议解决协议应立字为据，并由双方签字盖章。

（2）劳动争议仲裁

在解决劳动纠纷过程中，劳动争议仲裁是前置程序。必须先由有管辖权的劳动争议调解仲裁委员会仲裁，仲裁后如果当事人仍不服的，可以向有管辖权的人民法院提起诉讼。

① 劳动争议仲裁时效。

《劳动争议调解仲裁法》对一般劳动争议案件的仲裁时效规定为 1 年，但是对拖欠劳动报酬的仲裁时效特别规定为只要是劳动关系存续期间的都可以追究。

② 劳动争议仲裁地点选择。

《劳动争议调解仲裁法》第二十一条规定："劳动争议仲裁委员会负责管辖本区域内发生的劳动争议。劳动争议由劳动合同履行地或者用人单位所在地的劳动争议仲裁委员会管辖。双方当事人分别向劳动合同履行地和用人单位所在地的劳动争议仲裁委员会申请仲裁的，由劳动合同履行地的劳动争议仲裁委员会管辖。"

此法律条款明确回答了用人单位在仲裁地点选择方面需考虑的 3 个问题，具体如图 11-7 所示。

（3）劳动争议诉讼

劳动争议诉讼是劳动争议当事人对劳动争议裁决结果不满意，而在规定时间内向人民法院起诉的行为。在我国现行的法律体系中，劳动争议实行先裁后审的制度，即劳动争议仲裁是劳动争议诉讼的前置程序，对于未经仲裁的劳动争议申诉案件，人民法院不予受理。

11.2.2　劳动争议预防

劳务派遣公司或用工企业仅注重劳动争议的处理并不能从根本上降低劳动争议的发生频率及不良影响。因此企业人力资源管理人员应在正确处理劳动争议的

需向什么机构提交劳动争议仲裁申请？

"劳动争议仲裁委员会负责管辖本区域内发生的劳动争议"，即用人单位需向具有相应管辖权的劳动争议仲裁委员会提交劳动争议仲裁申请。

需向什么地点的劳动争议仲裁委员会提交仲裁申请，该仲裁委才具有管辖权？

"劳动争议由劳动合同履行地或者用人单位所在地的劳动争议仲裁委员会管辖"，即用人单位可向劳动合同履行地的劳动争议仲裁委员会提交仲裁申请，也可向本单位所在地的劳动争议仲裁委员会提交仲裁申请。

争议双方分别向不同劳动争议仲裁委员提出仲裁申请时，如何处理？

"双方当事人分别向劳动合同履行地和用人单位所在地的劳动争议仲裁委员会申请仲裁的，由劳动合同履行地的劳动争议仲裁委员会管辖。"这就是说，争议双方向不同的劳动争议仲裁委员会提交仲裁申请时，劳动合同履行地的劳动争议仲裁委员会优先接受申请。

图11-7　劳动争议就仲裁地点选择方面的问题解答

基础上立足于预防工作，从根本上预防劳动争议的发生及扩大化，有效保障劳动合同的履行及双方权利义务的实现，保证企业生产经营的持续稳健开展，提高员工工作的积极性和忠诚度，降低劳动争议处理时间及经济成本。

具体劳动争议预防的工作重点如下：

（1）深入钻研劳动保障法律法规及本地法规

首先企业人力资源管理人员要深入钻研《劳动法》《劳动合同法》等法律和国务院及有关部门以及本地的相关行政法规，抓好人力资源管理法律风险防范体系建设，正确执行法律风险防范措施，从而确保企业的各项活动及管理工作符合法律法规规定，降低法律风险。

（2）建立、完善企业规章制度

企业规章制度指企业根据国家有关法律法规结合本企业自身特点制定的，明确劳动条件、调整劳动关系、规范本企业及员工行为的各种制度的总称，是对企业所有员工具有普遍效力的内部法。常见的企业规章制度有员工手册、××制度、××规定、××操作规程、××劳动纪律及××奖惩办法等。

企业的规章制度可以作为劳动争议的处理依据，因此企业人力资源管理人员必须做好企业内部规章制度的建立和完善工作。企业内部规章制度在拟定时，必须满足如图11-8所示的3大要点。

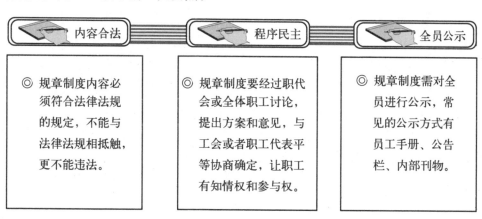

内容合法	程序民主	全员公示
◎ 规章制度内容必须符合法律法规的规定，不能与法律法规相抵触，更不能违法。	◎ 规章制度要经过职代会或全体职工讨论，提出方案和意见，与工会或者职工代表平等协商确定，让职工有知情权和参与权。	◎ 规章制度需对全员进行公示，常见的公示方式有员工手册、公告栏、内部刊物。

图11-8　规章制度拟定的3大要点

（3）抓好组织建设

企业人力资源管理人员应重点抓好企业工会组织、劳动争议调解组织、人力资源管理部门的组织建设。这些组织作为预防和处理劳动争议的先遣部队，他们最熟悉企业员工，最了解企业情况，最易发现劳动争议发生的征兆，从而将劳动争议在萌芽阶段解决掉。

（4）合理合法处理劳动关系

合理合法处理劳动关系，能有效预防劳动争议的发生或扩大化，也可将大的劳动争议降为小的劳动争议，降低企业损失，维护劳资双方良好的关系。合理合法处理劳动关系的重点是抓好劳动合同管理的签订和变更工作、设计好薪酬结构、执行最低工资标准、依法支付加班费、选择好工时制度、依法解除和终止劳动合同等。

（5）建立有效的劳动争议内部防范机制

企业人力资源管理人员应根据企业实际和特点设计企业的劳动争议防范和预

警体系，建立内部申诉及处理机制，建立员工参与或影响决策的管理机制，明确企业内部的责任分担，在企业内部创造良好的工作及沟通氛围，及时调节和化解劳动争议。

（6）查找管理漏洞，着力进行改善

企业人力资源管理人员可从企业近年来发生的劳动争议案件着手分析，将劳动争议发生次数较多、影响较恶劣的方面如劳动报酬、社会保险费缴纳等作为重点问题来抓，以有效降低风险事件的再次发生。

规章制度设计与管理

12.1 规章制度的制定执行

12.1.1 规章制度制定

制度是规范员工行为的标准之一，是企业进行规范化、制度化管理的基础，只有不断地推进规范化、制度化管理，企业才能逐渐规范其业务。所以劳务派遣公司应根据自身的管理需求，循序渐进地设计出符合实际情况、利于执行的制度。

（1）管理制度的设计原则

一套体系完整、内容翔实、行之有效的管理制度在设计时需受到一定的规范限制，只有符合规范的管理制度，才更有说服力和实用性，才能予以落实。管理制度设计一般要遵循五方面的要求，从内容的严谨全面到形式的美观得体，从合法合规性到有效性适宜性，具体原则如图12-1所示。

合法合规
- ◎符合国家法律、法规的要求和国家强制性标准，下级单位的制度服从上级单位的制度。
- ◎明确制度制定主体的权利。
- ◎制度必须经过有效的公示才能生效。

内容充分
- ◎符合公司整体发展战略和方向，在内容基本稳定的同时要做到与时俱进。
- ◎制度中规定的权利和义务必须保持一致，明确制度执行和解释的部门。
- ◎明确制度的效力范围。

形式美观
- ◎制度框架统一：标题、总则、主体内容、附件、相关制度与资料。
- ◎制度格式统一：字体、字号、目录排列、页边距、页眉页脚等一系列格式统一。
- ◎制度编写要简洁、直接并易于操作。

适宜性
- ◎符合公司最新发展动向，能在一定时间和一定范围内普遍适用。
- ◎逻辑性强、有条理，语言通俗易懂。

有效性
- ◎规定制度各种文本的效力，并用书面或电子文件的形式让员工了解。
- ◎制度有效性最主要的是要切合公司的实际。

图12-1　管理制度设计的原则

（2）制度设计的"三符合、三规范"

一套体系完整、内容合理、行之有效的管理制度要求制度设计人员在设计管理制度时遵循一定的编写要求，即达成"三符合、三规范"的要求，具体如表 12-1 所示。

表12-1　管理制度内容编制的具体要求

设计规范		具体要求说明
三"符合"		◆管理制度的内容应当符合管理者最初设想的状态、符合企业管理科学原理、符合客观事物发展规律或规则
三"规范"	规范制度制定者	◆能做到公正、客观，有较好的文字表达能力和分析能力，熟悉企业各部门的业务及具体工作方法 ◆了解国家法律、社会公共秩序和员工风俗习惯，明确制度的制定、审批、修改、废止等程序及权限 ◆制度所依资料全面、准确，能反映生产经营活动的真实面貌
	规范制度内容	◆合法合规，制度内容不违反国家法律法规和公德民俗，确保制度有效内容完善，制度体系完善、科学、系统，内容需规范、有效、有的放矢 ◆形式美观，制度框架格式统一、简明扼要、易操作，简洁、无缺漏 ◆结构简练，语言简洁，条目清晰，前后一致，符合逻辑规律 ◆制度的可操作性要强，注意与其他规章制度的衔接 ◆规定制度涉及的各种文本的效力，并用书面或电子文件的形式向员工公示或向员工提供接触标准文本的机会
	规范制度实施过程	◆明确培训及实施过程、公示及管理、定期修订等内容 ◆营造规范的执行环境，减少制度执行中可能遇到的阻力 ◆规范全体员工的职责、工作行为及工作程序 ◆制度的制定、执行与监督应由不同人员担当 ◆记录制度执行的情况并保留

（3）管理制度设计方法

管理制度设计的 5 大方法及具体内容如图 12-2 所示。

（4）管理制度的设计步骤

企业管理制度设计人员在设计管理制度时，不仅要知晓其现在所处的内外部环境，要紧跟企业和整个宏观环境的变化情况，还应遵循相应的步骤，循序渐进地开展制度设计工作。一般情况下，企业制度的设计需经过以下 7 个步骤，每个步骤的具体情况如图 12-3 所示。

专题专议法

◎采用专题专议法是就每一个专题内容而言，要注意准确性、规范性和实用性。

解释说明法

◎解释说明法可以是对某一个问题的详细解释，也可以是对某项工作的说明指导或应用说明。

依照细分法

◎依照细分法是对已有的制度规范或者相关的法律法规进行内容的细分。

问题分析法

◎问题分析法是对已经发生或即将发生的管理问题、业务问题或者是流程问题进行分析。

导图设计法

◎导图设计法是通过借用导图文件或者纸面导图进行管理制度的设计。

图12-2　管理制度设计的方法

（5）管理制度的内容结构

制度的内容结构常采用"一般规定——具体制度——附则"的模式，一个规范、完整的制度所需具备的内容要点包括制度名称、总则 / 通则、正文 / 分则、附则与落款、附件这 5 大部分。

管理制度设计人员应注意每一要点，以使所制定的制度内容完备、合规、合法。需要说明的是，对于针对性强、内容较单一、业务操作性较强的制度，正文中可不用分章，可直接分条列出，而总则与附则中有关条目不可省略。

管理制度的内容主要由标题、总则、正文和结尾四部分构成，具体如图 12-4 所示。

管理制度一般按章、条、款、项、目结构表述，内容简单的可不分章，直接以条的方式表述。

① 制度"章"的编写，要概括出制度所要讲述的主要内容，然后通过完全并列、部分并列和总分结合的方式确定各章的标题，根据章标题具体分析每章的内容。

② 制度"条"的编写要点如图 12-5 所示。

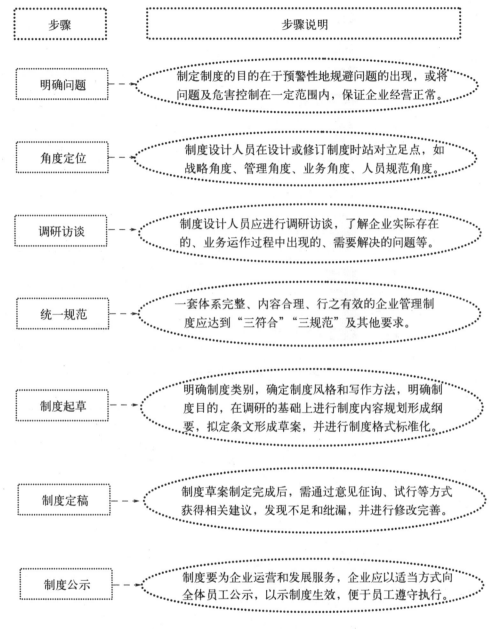

步骤	步骤说明
明确问题	制定制度的目的在于预警性地规避问题的出现，或将问题及危害控制在一定范围内，保证企业经营正常。
角度定位	制度设计人员在设计或修订制度时站对立足点，如战略角度、管理角度、业务角度、人员规范角度。
调研访谈	制度设计人员应进行调研访谈，了解企业实际存在的、业务运作过程中出现的、需要解决的问题等。
统一规范	一套体系完整、内容合理、行之有效的企业管理制度应达到"三符合""三规范"及其他要求。
制度起草	明确制度类别，确定制度风格和写作方法，明确制度目的，在调研的基础上进行制度内容规划形成纲要，拟定条文形成草案，并进行制度格式标准化。
制度定稿	制度草案制定完成后，需通过意见征询、试行等方式获得相关建议，发现不足和纰漏，并进行修改完善。
制度公示	制度要为企业运营和发展服务，企业应以适当方式向全体员工公示，以示制度生效，便于员工遵守执行。

图12-3 企业制度的一般制定步骤示意图

③ 制度"款"的编写，"款"是"条"的组成部分，"款"的表现形式为条中的自然段，每个自然段为一款，每一款都是一个独立的内容或是对前款内容的补充描述。

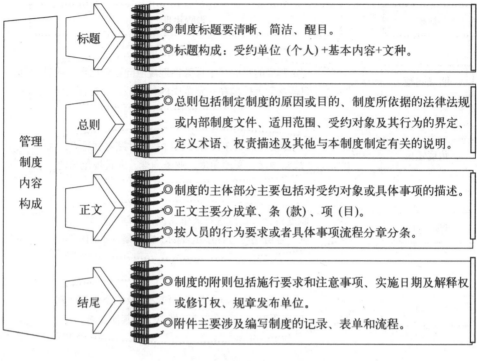

管理制度内容构成

标题
◎制度标题要清晰、简洁、醒目。
◎标题构成：受约单位（个人）+基本内容+文种。

总则
◎总则包括制定制度的原因或目的、制度所依据的法律法规或内部制度文件、适用范围、受约对象及其行为的界定、定义术语、权责描述及其他与本制度制定有关的说明。

正文
◎制度的主体部分主要包括对受约对象或具体事项的描述。
◎正文主要分成章、条（款）、项（目）。
◎按人员的行为要求或者具体事项流程分章分条。

结尾
◎制度的附则包括施行要求和注意事项、实施日期及解释权或修订权、规章发布单位。
◎附件主要涉及编写制度的记录、表单和流程。

图12-4　管理制度内容构成

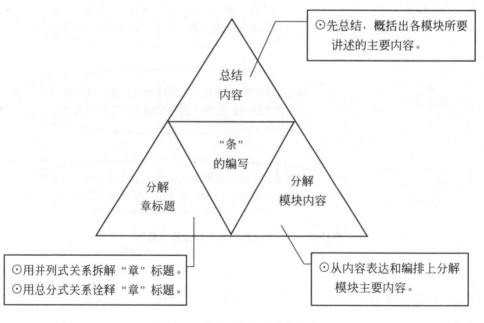

总结内容
⊙先总结，概括出各模块所要讲述的主要内容。

"条"的编写

分解章标题
⊙用并列式关系拆解"章"标题。
⊙用总分式关系诠释"章"标题。

分解模块内容
⊙从内容表达和编排上分解模块主要内容。

图12-5　编写"条"的注意要点

④ 制度"项"的编写，"项"的编写可以采取三种办法：梳理肢解"条"的逻辑关系；直接提取"条"的关键词语；设计一套表达"条"的体系。"项"的编写一定要注意具体化，通过具体化可以实现五个目标，如图 12-6 所示。

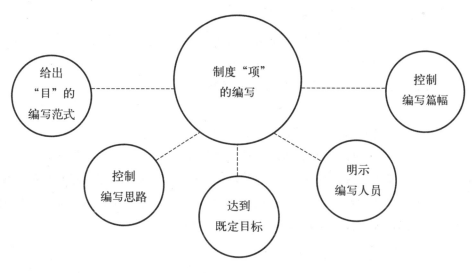

图12-6　编写"项"的 5 个目标

（6）制度设计的注意事项

对企业设计管理制度并构建其体系时，应满足以下要求，如图 12-7 所示。

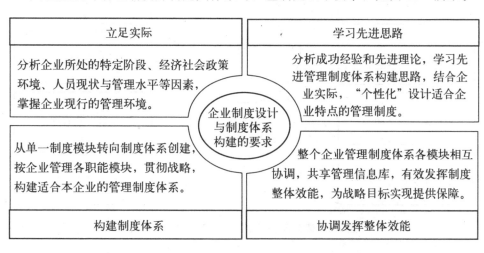

图12-7　企业制度设计与制度体系构建的要求

制度内容编写过程中，一定要注意以下 3 个问题。

① 要制定统一的文本格式和书写要求：包括结构、内容、编号、格式、图

标、流程、字号、文字等都要予以说明。

② 凡属涉及两个部门或多个部门共同管理、操作的业务，在编写时要注意分清职责界限。

③ 制度里面不能包含口头语言，要使用书面语。

用人制度是劳务派遣企业管理规章制度体系的重要组成部分，其内容的规范性、实用性不仅有利于劳务派遣企业人力资源业务的高效执行，还有利于降低人力资源业务的管理成本。下面就劳务派遣用人制度的拟定为案例作具体说明。

（7）劳务派遣用人制度案例

① 用人制度的内容。为了规范劳动派遣用工管理，加强企业员工遵纪守法的主动性、自觉性，规范员工行为，提高员工素质，维护企业正常经营秩序，保障企业各项目标的顺利达成，劳务派遣企业的管理者应组织制定科学完善的用人制度。企业的用人制度应包括但不限于以下 10 项内容，如图 12-8 所示。

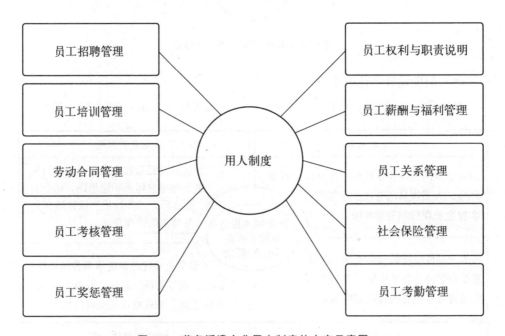

图12-8 劳务派遣企业用人制度的内容示意图

② 用人制度的编写依据。劳务派遣企业用人制度的编写既不能凭空臆断，也不能生搬硬套，要根据企业的实际要求和情况，以及企业所处的大环境而定。具体编写依据如图 12-9 所示。

国家法律法规	业务需求	企业制度体系	社会共识
企业编写用人规章制度时，须将《劳动法》《劳动合同法》《中华人民共和国公司法》等相关法律条文作为基本依据。	不同的岗位所面对的客户及工作内容各不相同，企业应根据实际业务需要来确定用人要求，既不能统一化也不能过分自由。	企业的用人制度应在企业已有的规章制度体系的框架内编写，不能违背企业的管理理念或制造出新的管理漏洞。	当今社会对某些工作岗位，如客服、生产人员等的综合素质均形成了基本标准，在面对这种情况时，企业应顺应周围的环境要求来编写用人规章制度。

图12-9 劳务派遣企业用人制度的编写依据示意图

③ 用人制度的编写流程。一般来说，劳务派遣企业用人制度的编写需要经过五个步骤，如图 12-10 所示。

④ 用人制度编写说明。劳务派遣企业在起草制度时，应明确制度编写的要求和规范，按照规定的工作程度完成制度起草工作。

企业用人制度的主要组成部分及具体说明如表 12-2 所示。

表12-2 企业用人制度的主要组成部分及具体说明

主要组成部分	具体说明
总则	总则的内容应包括制定本制度的原因(或目的)，适用范围或对象，编制原则或要求，制度中出现术语的解释说明、本制度所依据的法律法规或内部制度文件，制度中所涉及的部门及人员的职责描述等内容
主题内容	①主题内容是规章制度的主要部分，包含对受约束对象或具体事项的详细约束条目 ②主题内容一般包括受约束工作事项的具体实施程序和方法、职责分工、工作标准及注意事项等相关内容
附则	①附则是制度的结尾部分，在主体内容的最后一章 ②附则中应包括本制度的制定、解释、修订等工作的主管部门，并说明本制度的生效条件和执行时间
附件	记录制度中所需的表格、流程等
相关文件	即与本制度相关联的文件、资料

1. 立足实际

劳务派遣企业在拟定用人制度时，除了要根据实际情况查漏补缺，还要对接企业文化，使其符合企业文化的导向，并有力地支撑企业文化。

2. 分析研究

收集信息，理清现存的问题，并判断建立制度是否能解决这个问题，明确要达到的效果，找出问题的根本，建立标准，确定制度范围。

3. 拟定内容

遵循合法合规、严谨、规范的原则，围绕人力资源管理功能的识、选、育、用、留5个模块展开，层层分解，编写用人规章制度的具体内容。

4. 审核修改

在拟定用人规章制度的过程中，要不断听取各部门与有关领导及员工的意见，根据企业和员工的实际情况作出调整和修改。

5. 颁布执行

最终确定的规章制度应先公示，并组织员工学习，然后再正式执行。

图12-10　劳务派遣企业用人制度的编写步骤

⑤ 劳务派遣企业规章制度范本。

下面是某劳务派遣公司管理规章制度范本，供读者参考。

制度名称	某劳务派遣公司管理制度		编号	
			受控状态	
执行部门		监督部门	编修部门	
第1章　总则				
第1条　为加强公司的规范化管理，完善各项工作制度，促进公司发展壮大，提高经济效益，根据有关法律、法规及公司章程的规定，特制定公司管理制度。				

第2条　本制度适用于本公司全体员工。

第3条　本制度可根据公司各阶段实际情况作修改、调整。

第4条　凡进入本公司人员均应认真学习、自觉遵守。

第2章　人事与劳动管理

第5条　公司各部门因业务需求,需要招聘员工,由部门负责人向公司人力资源部提出招聘申请表,并在招聘申请表中注明需要招聘人员的原因、招聘人员数量、招聘条件(包括应聘人员的专业要求、性别、工作经历年限等)、受聘人员主要工作等事项。

第6条　人力资源部接收到申请后,根据各部门招聘申请,结合该部门人员编制和实际情况,提出招聘意见并上报总经理、董事长审批,获准后执行招聘。

第7条　新员工上岗后要先培训,培训时间为一周,培训内容为:公司简介、各项管理规章制度及所在部门工作任务、岗位职责、安全生产培训等。

第8条　公司员工享有《劳动法》规定的权利,并应当履行相应的义务。

第9条　员工劳动合同到期时若未发生解聘和离职的情况,人力资源部应在合同期满前一个月与该员工进行沟通,双方决定是否继续续签。

第10条　有下列情形之一的,公司可立即终止与员工的劳动合同。

1. 员工未能履行其职责,严重违反公司制度,造成严重违纪行为的。

2. 在试用期间被证明不符合录用条件的。

3. 严重失职,营私舞弊,给公司造成重大损害的。

4. 员工未经公司批准,私自兼任本职以外其他有偿报酬和具有与本职竞争行为性质的工作者。

5. 其他有重大过失或不当行为,导致严重不良后果者。

第11条　员工当月工资由人力资源部核算经公司总经理审批后转交到财务部将于次月____日前发放。公司可根据经济效益的情况和个人的工作实绩、业务水平、遵守职业道德和执业纪律等情况适当发放奖金。对工作失误可采取一定的工资惩罚措施。

第12条　公司为员工按照国家和地方的社会保障政策和规定办理社会保险等。

第13条　公司员工依法应当缴纳个人所得税和各项社会保险、住房公积金的,由公司依法代扣代缴。

第14条　为确保安全生产和提高员工素质,公司定期对员工进行应有的安全教育和专业培训,并另行制定较详细的安全管理规定。

第3章　财务与资产管理

第15条　公司按有关法律规定建立财务制度,采用并遵守企业会计准则,开设银行账户,建立账目和会计科目,配备与其工作任务相适应的专职财会人员,规范管理财务收支。

第16条　公司每年度进行财务决算,决算情况提交公司总经理审议。公司的财务管理情况受主管部门、资格认定机关和审计部门的监督与审计。

第 17 条　公司统一收取的费用一律入账，公司的收入主要用于下列开支。

1. 劳务派遣业务活动的成本性支出。

2. 人员的工资、参加的社会保险费用和奖金、福利。

3. 仪器设备等固定资产的更新、投入。

4. 缴纳税费。

5. 其他业务活动的正常支出。

6. 利润分配。

第 18 条　经费支出实行单位法人审批制，单据必须由经办人、审核人、负责人签字后方能支付，未经单位法定代表人签批的单据，财务人员一律不得擅自列支。

第 19 条　公司在经营中取得的各项收入必须全部交到公司财务及时入账，任何部门、任何个人都不得以任何理由或者以任何形式截流或者挪用。对公司的货币资金和其他流动资产必须加以严格的管理。公司采取积极的措施和办法，保证公司资产的保值。

第 4 章　劳务派遣管理

第 20 条　公司进行劳务派遣，应与用工单位签订劳务派遣协议。协议中应明确劳务期限、劳务收入、工伤事故处理及双方的权利、义务、责任等内容。

第 21 条　公司按照用工单位的用工条件组织招工，经考核合格后，与派遣员工签订劳动合同。用工单位应按照有关政策规定或协议约定，保证派遣员工在合同期限内的就业岗位和工资、福利、社会保险等待遇。

第 22 条　对劳动者以及用工单位或者其他组织用工、劳务承包、聘用委托，由公司按规定受理，依法收取有偿服务费用。工作人员或其他人员不得私自接受委托，不得私自收取费用，更不得超标准收费。

第 23 条　用人单位按照劳务派遣协议向公司划拨工资、社会保险费、工资总额____％的工伤保险和服务费用；公司按月发放派遣员工的工资和缴纳有关社会保险费。

第 24 条　公司按照用人单位的要求，依法决定与派遣员工劳动关系的解除、终止或者接续变更。

第 25 条　公司应当协助用工单位加强安全生产管理和对派遣员工的安全生产教育。用工单位应为员工提供与工种相应的劳动保护措施，并负责现场的安全管理。

第 26 条　派遣员工与用工单位正式雇员享有平等的法定劳动权利，如民主参与的权利、提请劳动争议处理的权利等，工作时间、休息休假、劳动安全卫生等劳动标准统一适用；实际用工单位的集体合同规定的劳动条件标准同样适用于被派遣劳动者。

第 27 条　需要对派遣员工进行岗位技能、管理知识培训的，公司和用工单位按劳务派遣协议协商约定培训期限、培训期待遇和培训费用分担办法。

第28条 公司员工在劳务派遣期间发生工伤的,用工单位应在第一时间组织救助,并将实际情况通知公司,依照相关法规协同公司为员工办理工伤索赔等善后事宜。

第5章 附则

第29条 本制度自公布之日起施行。

第30条 本制度由公司负责解释及修订。

下面是某劳务派遣公司员工管理规章制度范本,供读者参考。

制度名称	某公司劳务派遣员工管理制度	编号	
		受控状态	
执行部门		监督部门	编修部门	

第1章 总则

第1条 为加强公司的规范化管理,防范劳动用工法律风险,给用工单位提供优质、高效的人力资源专业服务,维护用工单位、派遣员工和公司三方利益,根据劳动法及其配套法规、规章的规定,结合本单位的实际情况,制定本制度。

第2条 本规定适用于与公司签订了劳动合同的派遣员工。

第3条 公司、用工单位和派遣员工必须遵守国家法律、法规,遵守劳动合同和劳务派遣协议的约定。派遣员工应遵守公司及用工单位的劳动纪律和各项规章制度,认真履行工作职责。

第4条 公司对劳务派遣工作管理的基本原则:依法合规、分工协作、总量控制、统一管理。用工单位对派遣人员管理的基本原则:按需定编、依岗派遣。用工单位对派遣员工管理的基本内容:工作管理、绩效管理。

第2章 招聘方式

第5条 一般情况下,用工单位自行负责招聘及面试,确定符合条件派遣员工后,向公司提交派遣员工名单,由公司办理派遣相关手续。

第6条 如用工单位需要,可书面委托公司进行招聘,原则上用工单位必须派人参加面试初审,面试合格后,由用工单位确定录用派遣员工名单,公司办理派遣手续。

第7条 如用工单位全权委托公司进行派遣员工招聘,将参照第六条的办法执行,如遇员工短缺,应提前7个工作日向公司提出书面申请,并支付相应的服务费用。

第3章 劳动合同

第8条 由公司与派遣员工签订劳动合同,劳动合同期限不得低于两年。

第9条 经用工单位书面要求,派遣员工与公司劳动合同期满需要续签劳动合同时,须经本公司与派遣员工协商确定。

第 10 条　经公司与派遣员工双方协商一致,可以解除劳动合同。劳动合同的解除条件、程序,按照法律法规规定以及派遣员工与公司签订的劳动合同约定执行。

第 11 条　派遣员工辞职或被公司解聘,应按规定办理档案、办公、财物、技术资料的清理交接工作,并有义务保守本公司及用工单位的商业秘密。

第 12 条　劳动合同终止的法定条件出现时,派遣员工与公司签订的劳动合同依法终止。

第 4 章　日常管理和劳动纪律

第 13 条　公司进行劳务派遣,应签订劳务派遣协议。协议中主要包括以下内容。

1. 劳务派遣员工的条件、数量。

2. 工作岗位或项目内容。

3. 劳动报酬、支付标准和方法。

4. 劳务派遣员工的劳动保护。

5. 双方认为需要约定明确的其他事项。

第 14 条　若派遣员工不适应工作,应提前 30 日以书面形式通知公司,可以解除劳动合同。若派遣员工在试用期内,需提前 3 日通知公司,可以解除劳动合同。

第 15 条　派遣员工在用工单位工作期间,必须遵守一切法律法规及用工单位依法制定的各项规章制度,服从用工单位的指挥、管理和调度。

第 16 条　用工单位负责派遣员工的岗前培训和入职安全教育培训,经用工单位考核合格并取得上岗资格后正式上岗。

第 17 条　用工单位应依法保障派遣员工职业安全卫生权益,严格执行国家劳动安全卫生规程和标准,对派遣员工进行劳动安全卫生教育,为派遣员工提供符合国家规定的劳动安全卫生条件和必要的劳动防护用品,防止劳动过程中的事故,减少职业危害。

第 18 条　派遣员工享有与用工单位的劳动者同工同酬的权利,应在劳动条件、强度、工时等方面与用工单位同岗位职工相同对待,用工单位不得向派遣员工收取押金,不得私自扣留派遣员工的身份证件。

第 19 条　被派遣员工因病造成无法正常工作时,按照国家相关法律、法规的规定进行依法处理。

第 20 条　被派遣员工不得以任何理由让他人代替本人上岗。若发现代岗行为,公司即以严重违反规章制度与被派遣员工解除劳动合同。

第 21 条　派遣员工不符合用工单位的岗位,或者是上岗员工严重违反用工单位的规章制度或者违规操作,由公司核实相关情况。若情况属实,可对派遣员工进行处理。

第 5 章　培训考核

第 22 条　由用工单位根据各岗位的需要,对派遣员工进行有针对性的相关业务培训,如需公司协助,用人单位应提书面申请。

第 23 条　用工单位应根据被派遣员工在单位的实际情况制定相关考核标准及考核办法。

第 24 条　用工单位为派遣员工提供专项培训费用,对其进行专业技术培训的,可与派遣员工订立协议,约定服期,有关权利与义务及违约责任按法律法规和协议约定执行。

第25条 用工单位可与派遣员工签订保密协议,有关保密协议的内容、赔偿、违约责任按有关法律法规及协议约定条款执行。

第6章 劳动报酬

第26条 派遣员工享有与用工单位的劳动者同工同酬的权利。用工单位应当按照同工同酬原则,对被派遣劳动者与本单位同类岗位的劳动者实行相同的劳动报酬分配办法。用工单位无同类岗位劳动者的,参照用工单位所在地相同或者相近岗位劳动者的劳动报酬确定。

第27条 派遣员工工资的支付办法:根据《劳务派遣协议》的规定,用工单位按月考核派遣员工工作,确定派遣员工应发放的工资总额,公司扣除代缴的派遣员工本人应交的基本养老、基本医疗、工伤、生育、失业等保险费用、住房公积金、个人收入所得税后,确定实发金额,于次月的____日之前发放,如遇节假日则提前至最近的一个工作日发放。

第7章 社会保险

第28条 用工单位应当按照社会保险经办机构规定,按月为派遣员工支付法定社会保险参保费用,由公司负责及时办理参保手续和缴纳相关费用。社会保险缴纳基数由用工单位按照劳务派遣协议书约定在《劳务派遣协议》中列明,按当地社保机构规定执行。

第29条 派遣员工如有生育、工伤和医疗等情况发生,应及时通知并提供相关材料给用工单位,由用工单位统一转交本公司办理相关手续,按照国家相关法律法规享受待遇。

第30条 派遣员工派遣期届满后,社会保险关系的转移等手续由公司负责办理。

第8章 工作时间和休息休假

第31条 派遣员工在用工单位的工作期间,执行用工单位依法制定的工时工作制度。

第32条 派遣员工因岗位变动后,按用工单位新岗位的工时工作制度执行。

第33条 实行标准工时工作制度的,用工单位安排派遣员工延长工作的时间,应按《劳动法》及《劳动合同法》的相关规定执行。

第34条 劳务派遣人员在用工单位工作期间的休息休假按照国家和用工单位的有关规定执行。

第9章 附则

第35条 其他未尽事宜,将另行规定。

第36条 本管理制度自下发之日起实施。

12.1.2 规章制度执行

(1) 规章制度执行的内容

规章制度的生命力在于贯彻执行。有制度不执行,或执行不严明,制度就形同虚设。所以,必须建立完善的规章制度执行机制。规章制度执行机制具体包括以下三方面的内容。

① 建立制度执行的监督机制。监督检查是对劳务派遣企业规章制度执行情况的督察，是制度有效执行的基础。在监督过程中，要做到责任成绩清晰化，层层落实，各司其职，在检查时要确保规章制度执行到位。

② 建立制度执行的考核机制。制度执行的考核机制对劳务派遣企业规章制度的执行起到督促作用。在设定制度的考核机制时，要注意客观、公平和公正，让执行制度不力的人得到相应的处罚，让坚决执行制度的人得到肯定、奖励和重用。

③ 建立制度执行的追究机制。制度执行的追究机制是对考核机制的补充。追究的原则是：坚持实事求是、有错必纠，处罚与责任相适应，教育与处罚相结合。制度追究主要采取的方式是教育培训，提高员工执行制度的自觉性。对于教育培训后仍然违反制度的，将给予一定处罚。

（2）规章制度不能有效执行的原因

劳务派遣企业在制度的执行过程中若发生执行不到位、未贯彻执行等情况，管理人员或制度设计人员应在分析制度本身是否存在不能有效的基础上，从制度本身、制度执行情况的监督与考核、推行制度的企业文化等方面寻求解决方法。制度不能有效执行的原因如图 12-11 所示。

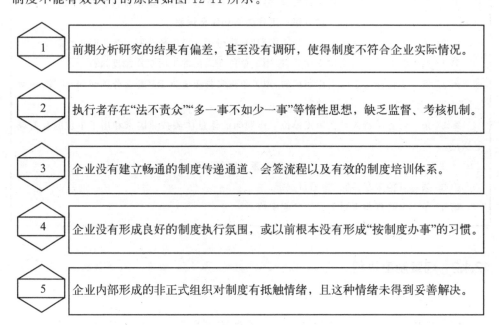

图12-11　制度不能有效执行的原因

（3）保障制度有效执行的措施

企业在制定规章制度时，应制定一系列保障措施，保证制度得到有效执行，从而充分发挥制度的管理作用。企业常用的保障制度有效执行的措施主要有以下11项，如图12-12所示。

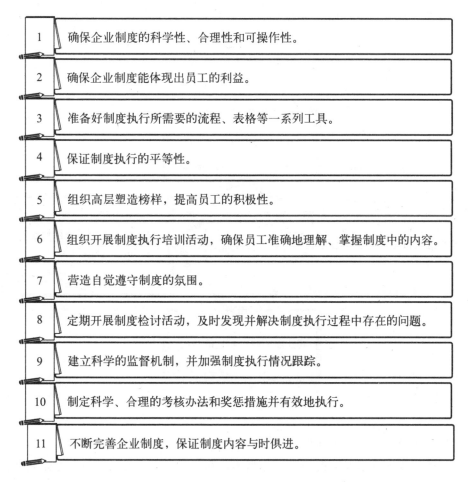

1	确保企业制度的科学性、合理性和可操作性。
2	确保企业制度能体现出员工的利益。
3	准备好制度执行所需要的流程、表格等一系列工具。
4	保证制度执行的平等性。
5	组织高层塑造榜样，提高员工的积极性。
6	组织开展制度执行培训活动，确保员工准确地理解、掌握制度中的内容。
7	营造自觉遵守制度的氛围。
8	定期开展制度检讨活动，及时发现并解决制度执行过程中存在的问题。
9	建立科学的监督机制，并加强制度执行情况跟踪。
10	制定科学、合理的考核办法和奖惩措施并有效地执行。
11	不断完善企业制度，保证制度内容与时俱进。

图12-12　企业制度有效执行的保障措施

12.2 规章制度变更与废止

12.2.1　规章制度修改

在当今这个日新月异的时代，企业的内外环境在一刻不停地发生着变化，会出现有的制度不适应新形势的要求。一个持续变化的企业组织，必然要求其组织规则跟着变，因此，企业需要适时开展对制度进行修改完善的工作。

关于规章制度的修改，要坚持"废、改、立"的原则，对实践证明是行之有效的规章制度，要继续认真执行；对可操作性不强或不完善的规章制度，要总结经验教训，认真修改，抓好落实工作。

（1）规章制度修改的原因

一般来说，当劳务派遣企业遇到以下情况时，应及时组织对制度进行修订。企业制度修改的原因如图 12-13 所示。

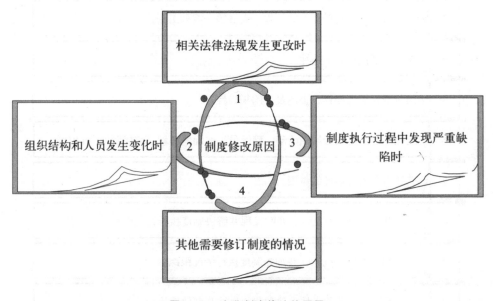

图12-13　企业制度修改的原因

（2）规章制度修改的步骤

修改用人制度要从实际出发，根据实践和新的需要，及时研究、制定新的制度，并予以推进。一般情况下，制度的修改主要分为以下三个步骤。

① 对企业原有制度进行分类、论证和修订。

② 对新制度进行设计、草拟和论证。

③ 按照法律规定进行公示或者让所有员工阅读并签字，记录存档。

（3）规章制度修改的原则

在修改企业规章制度的过程中，要遵循以下 5 个方面的原则。

① 符合企业新的机构运行与管理方面的要求。

② 要发挥各项制度管理部门的主动性和制度执行部门的能动性。

③ 要强化各项工作的管理责任要求。

④ 要强化各职能部门的管理服务工作。

⑤ 要不断规范制度汇编的格式，为制度的再修订和今后的统稿工作划定标准。

【案例】陶某到广州一家劳务派遣公司工作已满 5 年。2017 年 3 月，因身体不适去医院检查，因为病情复杂医生建议住院观察一段时间，陶某向公司办理病假手续后便开始住院治疗。当时公司的管理制度规定的病假待遇为："病假根据工作年限扣除一定比例的标准工资。在本公司工龄大于等于 4 年小于 6 年的，扣 50％……"陶某连续工龄已满 5 年，因此可享受 50％的病假工资。2017 年 6 月，由于公司经营效益的影响，公司决定对员工的工资待遇做适当调整。为此公司对规章制度进行了修订，其中病假待遇变更为："在本公司工龄等于小于 10 年的，工资扣 60％……"规章制度修订经民主程序通过后，将新的规章制度发送到了所有员工的工作邮箱里。2017 年 7 月起，公司按新的规定，寄发陶某的病假工资。2017 年 9 月，陶某向公司所在区的劳动争议仲裁委员会提起仲裁，要求公司按 50％的比例补发病假工资并支付相当于差额部分 50％的补偿金。

【案例分析】《劳动合同法》第四条规定："用人单位在制定、修改或者决定有关劳动报酬、工作时间、休息休假、劳动安全卫生、保险福利、职工培训、劳动纪律以及劳动定额管理等直接涉及劳动者切身利益的规章制度或者重大事项时，应当经职工代表大会或者全体职工讨论，提出方案和意见，与工会或者职工代表平等协商确定……用人单位应当将直接涉及劳动者切身利益的规章制度和重大事项决定公示，或者告知劳动者。"本案中，用人单位无论在规章制度的内容上还是告知程序上都存在问题。首先，其所在市的《职工患病或非因工负伤医疗期管理实施办法》规定："对在 12 个月内病假累计不满 6 个月的职工，本年的病假工资，以上年度本人月均工资总额（以下简称月均工资）为基数，如超过上年度市属（县级市，下同）职工月均工资，则以上年度市属职工月均工资为基数，连续工龄不满 5 年，按 45％发给；满 5 年不满 10 年，按 50％发给……"而本案中用人单位修订后的病假工资标准低于上述规定。即使经民主程序制定的规章制度，违法条款仍属无效，劳动者有权要求用人单位补偿损失。其次，从公示程序看，用人单位的告知范围只涉及出勤的员工，因此在公示告知程序的有效性上也存在纰漏。

根据其所在省《工资支付条例》第四十九条规定，对拖欠或者克扣劳动者工资的用人单位，劳动保障行政部门应责令其支付；逾期不支付的，责令用人单位按应付金额百分之五十以上一倍以下的标准，向劳动者加付赔偿金。就本案而言，用人单位没有克扣员工工资的主观故意，因此用人单位不应当承担 50％ 的赔偿金。

因此，经审理后认为：用人单位规章制度规定的员工病假待遇不应当低于市政府规定的标准。鉴于陶某一直在住院治疗，因客观原因，无法进入工作邮箱查看公司邮件，用人单位也未能举证说明以其他方式告知过陶某本人，因此陶某对公司修订规章制度无从知晓。最终裁决用人单位补足陶某病假工资，但对陶某的补偿金要求不予以支付。

12.2.2 规章制度失效废止

企业的规章制度并不是一成不变的，为确保企业各项规章制度的科学性、有效性，实现对规章制度的有效管理，不断完善公司各项规章制度体系，促进公司各项事务的规范管理，对不符合公司发展战略和经营方向的规章制度，该调整的要调整，该废止的要废止。

（1）规章制度的失效废止情形

规章制度有下列情形之一的，应宣布失效废止。

① 适用期已过。

② 规定的事项已经执行完毕，或者因情势变更，不必继续施行的。

③ 主要内容与现行法律、法规、规章、国家政策以及上级规范性文件相抵触。

④ 主要内容已经不适宜于企业的管理要求，已经没有存在的必要。

⑤ 主要依据的法律、法规、规章和上级规范性文件已废止或失效。

⑥ 同一事项已有新规章规定，并发布施行的。

（2）规章制度废止的流程

规章制度的废止应由规章制度的制定部门提出草案，企管部文控中心立项、审核、论证，出具审查报告后报请企业管理委员会召集专门会议审定，必要时也可以提请规章制度的制定部门对规章制度进行废止。具体流程如图 12-14 所示。

【案例】小王是南京某劳务派遣代理公司的员工，2016 年 12 月，小王与公司签订了劳动合同，期限为 2 年，并告知其公司《聘用人员管理办法》中条例规定："没有法定或合同约定条件出现，双方均不得解除合同；用人单位因经营亏损而不能继续经营时，劳动合同自动解除。"2017 年 9 月，公司因经营亏损无法继续经营，于是公司人力资源部在 10 月份通知小王已经解除了他与公司之间的劳动关系，并以公司《聘用人员管理办法》有规定为由，拒绝支付经济补偿金。小王对公司的做法感到不满，于是将公司诉至劳动争议仲裁委员会，请求确认解除合同行为无效，要求公司重新安排工作并赔偿相应的经济损失。最后，仲裁庭支持了小王的申诉请求。

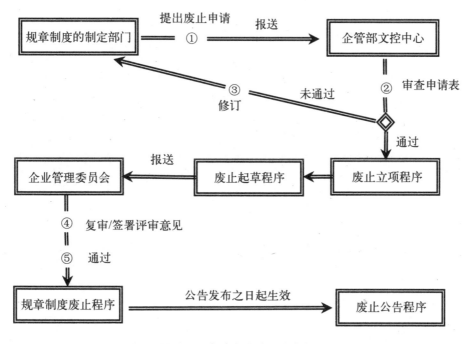

图12-14 规章制度废止的流程

【案例分析】根据《劳动法》第四条的规定："用人单位应当依法建立和完善规章制度，保障劳动者享有劳动权利和履行劳动义务。"从此规定可以看出，用人单位可以制定规章制度并要求员工遵守，但不得违反国家相关法律法规的规定。

用人单位《聘用人员管理办法》中对"解除劳动合同的条件"规定的自行补充，并且违反了《劳动法》保护劳动者利益原则，应当认定无效；公司虽然按实际情况与小王解除劳动合同，但违反《劳动合同法》规定的程序要求，即便用人单位的规章制度已有对解除劳动合同程序相关的规定，但是因为规定本身的不合法，所以不能作为用人单位可以履行解除劳动关系程序的正当理由。用人单位提前解除小王的劳动合同的行为是违法的，应当依法承担相应的违约责任。

综上，企业要想更好地管理员工，使自己制定的规章制度都能得到有效执行，就必须依照法定程序，且不能与现行的法律、法规、规章抵触，只有这样才能够保证公司的规章制度不失效，从而起到其应有的管理作用。

参考文献

［1］　王军，高尚．劳务派遣服务操作实务手册．北京：化学工业出版社，2018．

［2］　弗布克管理咨询中心．劳务派遣公司规范化运营手册．北京：化学工业出版社，2021．

［3］　弗布克管理咨询中心．劳务派遣服务标准与业务规范．北京：化学工业出版社，2021．